NOUVEAU TRAITÉ COMPLET
DU
JEU DE BILLARD
PAR
EUGÈNE MANGIN
PROFESSEUR A PARIS

1ʳᵉ partie: COURS ÉLÉMENTAIRE (20 planches)
2ᵉ partie: COURS SUPÉRIEUR (80 planches)
Dans cette partie, le professeur initie les amateurs
à tous les secrets de la série

PRÉFACE PAR M. J. C.

Prix : 2 fr. 50

EN VENTE CHEZ L'AUTEUR
Café Mangin, 1, rue Godot-de-Mauroy, près la Madeleine
PARIS
—
1870

REPRODUCTION INTERDITE

NOUVEAU TRAITÉ COMPLET

DU

JEU DE BILLARD

NOUVEAU TRAITÉ COMPLET

DU

JEU DE BILLARD

PAR

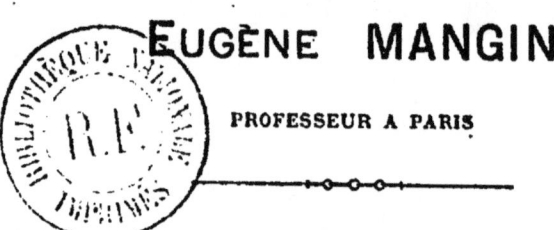

Eugène MANGIN

PROFESSEUR A PARIS

1ʳᵉ partie : COURS ÉLÉMENTAIRE (20 planches)
2ᵉ partie : COURS SUPÉRIEUR (80 planches)
*Dans cette partie, le professeur initie les amateurs
à tous les secrets de la série*

Préface par M. J. C.

Prix : **2 fr. 50**

EN VENTE CHEZ L'AUTEUR
Café Mangin, 1, rue Godot-de-Mauroy, près la Madeleine
PARIS

1876

REPRODUCTION INTERDITE

PRÉFACE

Mon cher Mangin,

Vous me demandez une préface à votre nouveau *Traité du jeu de Billard*. Je m'empresse de répondre à votre désir, et cela d'autant plus volontiers que ma tâche est bien facile. Quand on fait comme vous, journellement, des séries de 100 carambolages, et même quelquefois de plus de 200, on n'a pas besoin d'être recommandé au public. Votre réputation est faite et bien faite (1).

---

(1) Le 5 février 1874, M. Mangin a fait une série de 303 carambolages. C'est la plus longue qui ait été faite en PLEIN billard.

Mais, puisque vous le désirez, parlons un peu du Billard ou plutôt des Traités sur le Billard, car, je l'avoue humblement, je ne suis qu'un bien faible amateur; mais j'ai toujours lu avec plaisir et profit ce qui a été écrit sur ce *Roi des Jeux*, et je suis d'avis qu'on doit savoir beaucoup de gré à tous les maîtres qui ont bien voulu prendre sur leurs veilles pour nous initier à leurs secrets et nous guider dans la route qu'ils ont parcourue avant nous. Je n'ignore point qu'il ne manque pas de gens qui vont s'écrier, en vrais moutons de Panurge : « A quoi bon un traité du Billard ? Est-ce que le Billard peut s'apprendre ? » Je ne tenterai pas de répondre à cette réflexion que je ne crains pas de qualifier de niaiserie, par la raison que vous la réfutez vous-même victorieusement dans votre courte et substantielle introduction. A un philosophe de l'antiquité qui niait le mouvement, on répondit un jour en marchant devant lui. A ceux qui voudraient contester l'utilité d'un traité du jeu de Billard, vous pourriez aussi répondre en citant vos nombreux et bons élèves.

Énoncer, du reste, une semblable opinion, c'est montrer qu'on est étranger à la science du Billard. Dans ce jeu, tout peut être réduit en formules mathématiques. On ne se figure pas d'ordinaire le nombre de conditions auxquelles il faut satisfaire pour que le joueur soit sûr de ses coups. On doit tenir compte du poids de la queue, de celui des billes, de la qualité du drap, de la confection des bandes, de l'équilibre de la table, etc. Le véritable amateur ne doit pas non plus ignorer les résultats établis par le calcul pour la marche des billes après le choc, pour l'angle maximum ou minimum dans le carambolage de bille à bille, pour l'angle obtenu quand une bille vient frapper une bande avec ou sans effet. Il est intéressant, par exemple, de savoir exactement les limites entre lesquelles est renfermé l'effet rétrograde. Or voici ce que nous lisons dans Coriolis, p. 19 : « Le lieu du tapis où la bille est à l'état de glissement étant celui où la bille cesse de pouvoir reculer après en avoir frappé une autre, il s'ensuit qu'avec un coup de queue d'une intensité déterminée, la bille conservera le plus loin possible la faculté de reculer après en avoir choqué une autre en un point qui ne soit pas trop éloigné du point d'arrière, si l'on frappe la bille à environ le quart du rayon en dessous du centre. Ainsi, pour un coup de queue ordinaire qui donne 4 m. 80 c., on a 1 m. 58 c.; et pour un très-fort coup de queue qui donne 10 m., on a 3 m. 30 c. »

Il y a certainement une grande distance de la théorie à la pratique, mais nous soutenons que du moment que le calcul occupe une si grande place au jeu de billard, il est impossible que l'exécution soit parfaite si l'on reste complétement étranger aux données établies par la Science. La conclusion à tirer de ce que nous venons de dire, c'est que, si de tous les jeux le Billard est celui où le calcul mathématique joue le plus grand rôle, il est aussi celui où l'on doit attendre ses progrès beaucoup moins du hasard que d'une étude attentive et suivie.

Parmi les traités qui ont été composés avant le vôtre sur le Billard, on peut citer surtout ceux de Coriolis (1), de Berger (2) et de Désiré (3). Celui de Coriolis, mathématicien de première force, est sans contredit le plus savant. C'est après avoir vu produire certains effets par le célèbre joueur Mingaud, inventeur du procédé, que Coriolis essaya de soumettre ces effets au calcul. Son livre, bien que d'une utilité très-restreinte dans la pratique, n'en renferme pas moins des données très-curieuses dont les bons joueurs pourraient tirer un excellent parti.

Le traité du célèbre Berger, dont tous les amateurs de billard déplorent la perte récente, ne répond pas tout à fait à ce qu'on aurait pu attendre du grand professeur. D'ailleurs son introduction n'est guère qu'un abrégé souvent textuel du traité de Coriolis. De plus, comme il s'est vu obligé de supprimer les formules et les constructions qui ne s'adressent qu'à un petit nombre de lecteurs versés dans l'étude des mathématiques, il en résulte que le texte est souvent d'une intelligence très-difficile.

Quant au traité de M. Désiré, il renferme beaucoup de détails intéressants relatifs à l'histoire du Billard ou aux règles suivies dans les différentes parties, mais il ne nous a pas paru assez complet sous le rapport des coups proposés aux amateurs. On n'y trouve que quelques conseils généraux et un très-petit nombre de figures.

---

(1) Théorie mathématique des effets du jeu de Billard, par G. Coriolis, Paris, 1835. 1 vol. in-8.
(2) 1 vol. in-12. Paris, 1855.
(3) Manuel du jeu de Billard, par Désiré Lemaire, précédé d'une préface historique par Jules Rostaing. Paris.

Ce qui importe aux amateurs, ce n'est pas le passé du Billard : ce qu'ils réclament, c'est d'avoir sous les yeux des figures faites avec soin et leur offrant un grand nombre de coups, les uns faciles, les autres plus difficiles, qu'ils puissent étudier à leur aise et s'exercer à reproduire, de manière à en être complétement maîtres dans tous les cas et dans toutes les circonstances.

Or, c'est précisément à ce besoin que répond le nouveau traité de M. Mangin, destiné à devenir le vademecum de tous les amateurs de Billard. Il est impossible d'avoir choisi avec plus de goût et représenté avec plus d'exactitude toutes les positions intéressantes que peuvent occuper les billes sur une table de billard. Nous ne craignons pas de trop nous avancer en disant que tout amateur qui aura la patience de bien étudier ces positions verra sa force augmenter du double et quelquefois plus.

Nous devons surtout féliciter le savant professeur d'une innovation dans l'enseignement du Billard, qui assure à son traité une place à part parmi tous ceux de ses prédécesseurs. Il a eu l'heureuse idée d'indiquer à l'élève, par la légende et par le dessin, non-seulement comment il faut exécuter le coup, mais encore pourquoi il lui arrive quelquefois de ne pas le réussir. C'est là une attention dont tous les amateurs sauront un gré infini à M. Mangin.

Voilà, mon cher Mangin, ce que je pense de votre livre, et je suis persuadé que tous les amateurs seront de mon avis. J'aurais désiré qu'une plume plus autorisée que la mienne se fût chargée de ce soin, mais votre ouvrage est un de ceux qui se recommandent tout seuls, et chacun en vous lisant ne manquera pas de dire : *nous reconnaissons là le maître.* Qu'il me soit seulement permis en terminant de vous exprimer toute ma reconnaissance, et en cela je crois être l'interprète de tous les amateurs de billard, pour le plaisir que j'ai toujours éprouvé chaque fois qu'il m'a été donné d'assister à une de vos magnifiques séances.

Votre bon et ancien ami,

J. C.

Paris, Mai 1876.

AVANT-PROPOS

Le Billard appris sans maître, paru il y a cinq ans, st épuisé.

Depuis cette époque, j'ai beaucoup étudié, beaucoup bservé, et, je le crois, beaucoup appris. Ce nouvel uvrage, très-complet, que je viens présenter aux mateurs de billard obtiendra-t-il leur approbation?

Je l'espère, car j'ai réuni, condensé tout ce qui peut uider, éclairer, instruire l'élève.

Je tiens à détruire cette prévention bizarre tendant à aire croire aux débutants que le billard ne s'apprend as, qu'il faut des aptitudes toutes spéciales pour le ien jouer, que c'est une science innée, accessible à uelques rares privilégiés.

Plaisanteries et mauvaises raisons données par des ens qui ont pris deux ou trois leçons, qui ne voient ans le billard qu'un exercice hygiénique, et qui voudraient, après des études de quelques jours, arriver à faire des séries de 40 à 50 carambolages, résultat qu'on n'obtient qu'après une habitude sérieuse du billard.

Pour devenir fort à ce jeu, qui, depuis quelque temps, est entré, pour ainsi dire, dans nos mœurs, il faut beaucoup travailler et voir jouer souvent plus fort que soi.

Hors de là, à moins d'être exceptionnellement organisé, vous ne verrez que des amateurs auxquels les grands professeurs rendront de 70 à 80 points de 100. Car, il faut qu'on le sache bien, au jeu de billard, il n'y a jamais eu de phénomène ; il n'y a de réellement forts que ceux qui ont appris et auxquels le travail et la pratique ont donné ces résultats que nous nous plaisons à constater chez quelques personnes bien douées.

Les joueurs, amateurs ou professeurs, qui font des séries de 60, 80, 100 points et plus, ont tous, sans exception, beaucoup pratiqué ; c'est une science qu'ils n'ont acquise qu'après plusieurs années d'exercice. On peut le demander aux amateurs de première force, et ils sont rares (de 15 à 20 en France), pas un ne sera d'un avis contraire. Pour devenir habile, il faut donc étudier, travailler, et non pas jouer sans attention, sans volonté. Faire 4 ou 5 kilomètres autour d'un billard, c'est assurément une gymnastique précieuse pour la santé, mais elle ne saurait faire obtenir à l'élève les progrès que lui donneront quelques heures d'une étude intelligente et réfléchie. — Je ne crains pas de l'écrire, après la lecture approfondie de ce livre, personne ne pourra plus dire : « Le billard ne s'apprend as », sans que je n'aie le droit de lui répondre : Vous ne vous êtes pas donné la peine d'étudier. »

Il ne s'agit pas, en effet, d'acheter un ouvrage enseignant le billard, quelque excellent qu'il soit, de le parcourir comme on fait d'un journal; non, il faut le méditer et s'exercer à réussir les coups qui y sont démontrés. — Jusqu'à présent les planches de tous les ouvrages qui ont paru sur le billard ont indiqué la manière d'exécuter différents coups. Ce travail est assurément bon ; mais où j'ai cherché à apporter une innovation que je serais tenté de qualifier d'heureuse, c'est d'avoir indiqué à l'élève, après chaque légende ou démonstration, dans les principaux coups seulement, ce qui l'a empêché de réussir, en lui signalant ce qu'il doit faire pour se corriger. — Par le nombre et surtout la variété des figures, par des commentaires, des explications minutieuses, j'ai cherché à faire l'ouvrage le plus complet, le plus indispensable pour toute personne désireuse de connaître les beautés et les secrets du noble jeu de billard.

Je me suis attaché avec une insistance toute particulière à obtenir des planches rigoureusement exactes; j'ai corrigé soigneusement mes épreuves, car je ne voudrais pas qu'un élève perdît son temps à étudier des coups rendus impossibles par la faute du graveur, bien entendu. Au surplus, si le lecteur était quelque peu embarrassé, il pourrait venir me trouver, et en une ou deux leçons, je lui ferais exécuter tous les coups contenus dans ce livre, ce qui, on le comprend, ne dispensera pas l'élève de les travailler seul ensuite.

Ai-je besoin de dire que j'ai apporté tous mes soins à la confection de ce volume, que dix-sept ans de professorat et de soirées données dans les grandes villes de France, en Belgique, en Suisse, en Angleterre, ont dû faciliter ma tâche plus ardue qu'on ne le pense généralement. Mais je serai largement récompensé, si tous les vrais amateurs de billard disent, après m'avoir lu : « Nous avons appris quelque chose.»

Pour finir, quelques mots de l'instrument. — Pour jouer la série, même la petite série, il faut une queue bien *calibrée*, très-droite, des billes exactement sphériques et égales comme poids, un billard parfait, d'une longueur rationnelle et proportionnée à la taille du joueur. Aussi, ne puis-je m'expliquer pourquoi quelques grands cercles ont encore des billards immenses ! (il y en a qui ont jusqu'à 3 mètres 70 centimètres) et sur lesquels il est absolument impossible de jouer commodément plus de vingt à trente coups sur cent.

Les billards dont se servent les professeurs varient de 2 mètres 70 à 3 mètres, rarement 3 mètres 10 centimètres; au delà, les joueurs sont gênés si souvent que les séries, même les plus modestes, sont fort rares. Naturellement, je ne parle pas de ces séries qui se font dans un des angles du billard, sur deux billes qui ne bougent pas.

Certains joueurs ont fait, dans cette circonstance, jusqu'à deux mille et même trois mille carambolages.

Peut-on dire pour cela qu'ils soient passés maîtres dans l'art du billard ?

Assurément non. Dans les tournois qui ont lieu à New-York, on a si bien compris le peu d'importance de ce genre de séries, que celles de plus de trois points n'ont de valeur qu'autant qu'elles sont faites à 0^m 10 centimètres, au moins, de l'angle du billard.

J'ai divisé les planches ou figures de ce livre en deux parties bien distinctes :

La première comprend vingt planches destinées à servir d'exercices aux débutants et aux amateurs qui ne font pas plus de dix à quinze points de suite ; la seconde partie, de beaucoup la plus importante (80 planches), s'adresse aux amateurs d'une force moyenne, ainsi qu'à ceux qui, faisant des séries de vingt, quarante, cinquante carambolages et plus, désirent se perfectionner. — La plupart des figures de la seconde partie pourront naturellement servir aux amateurs faibles, et cela d'autant mieux qu'ils feront déjà bien les coups figurés dans la première partie.

PREMIÈRE PARTIE

Le joueur doit se poser solidement, la jambe gauche en avant, la droite un peu en arrière, formant équerre. Il faut se placer presque en face des billes n°˚ 1 et 2, la queue touchant légèrement le vêtement : sinon, vous ferez souvent fausse queue.

L'élève doit se baisser suffisamment pour pouvoir ajuster non-seulement sa bille, mais aussi la bille n° 2. A moins qu'on ne soit gêné, la queue doit toujours être tenue aux 3/4 ou aux 4/5 de sa longueur, et non à l'extrémité, ce qui produirait un balancement tout à fait contraire à la précision du coup. Puis, après avoir calculé, autant que son habileté le lui permet, le degré de force dont il a besoin, il doit faire marcher l'avant-bras deux, trois et quatre fois, tout en tenant la queue très-légèrement dans la main, et non du bout des doigts, comme le font à tort quelques joueurs. La main placée sur le tapis ou la bande doit être distante de 12 à 20 centimètres de la bille, suivant l'impulsion dont on a besoin.

Prenez alors une seule bille, frappez-la au centre, en tenant votre queue presque horizontale, et faites passer cette bille sur les 4 mouches qui sont placées parallèlement aux deux grandes bandes. Si, après être passée en allant sur ces 4 mouches, votre bille y repasse au retour, c'est que vous avez frappé juste, et vous devez être satisfait de cette première épreuve. Ce coup, que nous appellons coup de queue naturel, doit être joué doucement, puis, un peu plus fort, et enfin, aussi énergiquement que possible, en cherchant à repasser toujours sur les mouches.

Après cette première étude, il faut prendre la bille à gauche, puis à droite, passer toujours sur les 4 mouches en allant; et au retour, vous viendrez toucher les grandes bandes de gauche et de droite. Plus l'angle que fera votre bille sera ouvert, meilleur aura été votre effet; si, au contraire, votre bille revenait à 10 ou 15 centimètres seulement de son point de départ, ce serait une preuve manifeste que votre effet de côté n'aurait été qu'imparfaitement fait. Il faut persister alors et travailler ce coup, jusqu'à ce que votre bille, allant toucher à la bande un point perpendiculaire à son point de départ, vienne, en revenant, frapper la grande bande, presqu'au milieu du billard; ce qui indiquera que l'effet de côté a été bon.

Quand l'élève sera bien maître de faire revenir sa bille à gauche et à droite, et, par conséquent, fera bien ses effets de côté, il devra diviser les coups élémentaires en deux catégories : les coups directs ou de bille à bille : coulés, rétrogrades, contres; et les coups par une ou plusieurs bandes.

Occupons-nous d'abord des coups directs ou de bille à bille.

Nous supposons une ligne droite formée par les billes n°ˢ 1 et 2 et continuée ou prolongée par la queue. La bille sur laquelle nous voulons caramboler (bille n° 3) se trouve-t-elle à droite de notre ligne imaginaire, si c'est un coulé, nous prenons notre bille au centre et en tête (Voy. *fig.* 9 et 12), la bille n° 2 plus ou moins à droite, selon que la bille n° 3 est plus ou moins éloignée de la ligne droite continuée par la queue.

Si c'est un rétrograde (Voy. *fig.* 17), nous prenons notre bille au centre et en dessous (4/5ᵉ dans la partie basse), la 2ᵉ bille, plus ou moins à droite selon que l'angle formé par la position des 3 billes est plus ou moins ouvert.

Par ce qui précède, il est facile de voir que c'est sur la seconde bille que nous *opérons*, et non sur la nôtre, comme le croient encore la plupart des amateurs. Cependant, m'objectera-t-on, j'ai vu souvent les grands joueurs employer les effets de côté, même dans les coups de bille à bille ; cela est parfaitement vrai. Mais, ici comme toujours, je dois le dire en toute sincérité : il n'y a pas 5 personnes sur 100 qui emploient judicieusement les effets de côté, ce qui revient à dire qu'elles feraient tout aussi bien de n'en point faire. Je me résume : il n'y a que les joueurs d'une force au-dessus de la moyenne qui puissent juger de l'emploi utile des effets de côté, et je conseille aux joueurs faibles de ne pas en faire usage quant à présent.

Parlons maintenant des coups par bandes. Que l'élève consulte la planche n° 7, coup naturel, qu'il apprenne, qu'il retienne bien l'angle que fait sa bille quand elle est prise en tête, sans effet de côté, le coup joué demi-fort; qu'il examine ensuite la planche suivante (*fig.* 8) où l'angle, plus ouvert, est obtenu par un coup de queue plus au centre et plus énergique; et quand un coup par une, deux ou trois bandes se présente, que l'élève ait bien *dans l'œil* l'angle que fait sa bille en allant toucher la 1re bande, il verra bientôt si, oui ou non, il doit jouer le coup sans effet, ou s'il a besoin d'effet de côté ou d'effet contraire.

Le joueur doit tenir grand compte de cet axiome : l'angle d'incidence est égal à l'angle de réflexion, quand on frappe sa bille parfaitement au centre.

Les planches 1, 2, 13, 14, contiennent des exemples où le coup naturel suffit; les planches 4, 5, 6, 10, 15, 18, 19, feront voir à l'élève où et quand il faut se servir des effets de côté; enfin, les *fig.* 3, 33, 34, apprendront dans quels cas il doit se servir des effets contraires.

AVIS IMPORTANT

Pour faciliter l'explication des Figures, nous désignons la bille *blanche* par le n° 1, la bille *noire* par le n° 2, et la bille *grise* par le n° 3.

Fig. 1.

Le premier coup, les trois billes étant sur mouches, se joue sans effet de côté, la bille n° 1 au-dessus du centre, la bille n° 2, au tiers, à droite, le coup de queue d'une force moyenne. Ce carambolage doit être travaillé jusqu'à ce qu'on le fasse convenablement; car il se représente au commencement de chaque partie, et toutes les fois que les billes se touchent.

Le procédé, ayant la forme d'une pastille, ne doit pas dépasser le bois de la queue, ni être trop dur ni trop mou. Le joueur, une fois pour toutes, doit mettre du blanc à chaque coup, afin d'éviter les fausses queues.

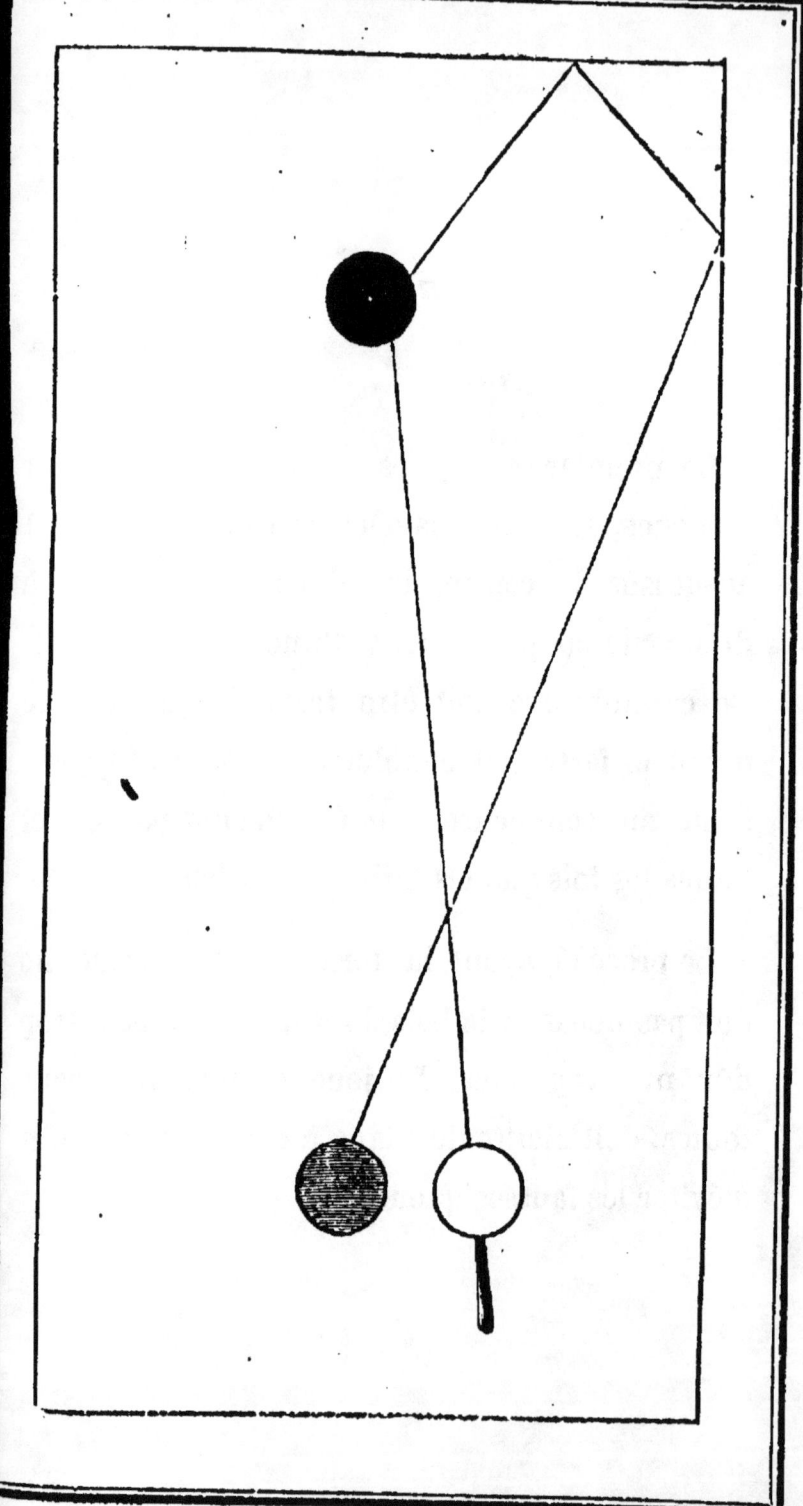

Fig. 1.

Fig. 2.

Prenez votre bille en tête et au centre; la bille n° 2, au tiers et à gauche. Faites bien marcher l'avant-bras, la queue tenue légèrement dans la main, et vous carambolerez, soit directement, soit par la grande bande gauche.

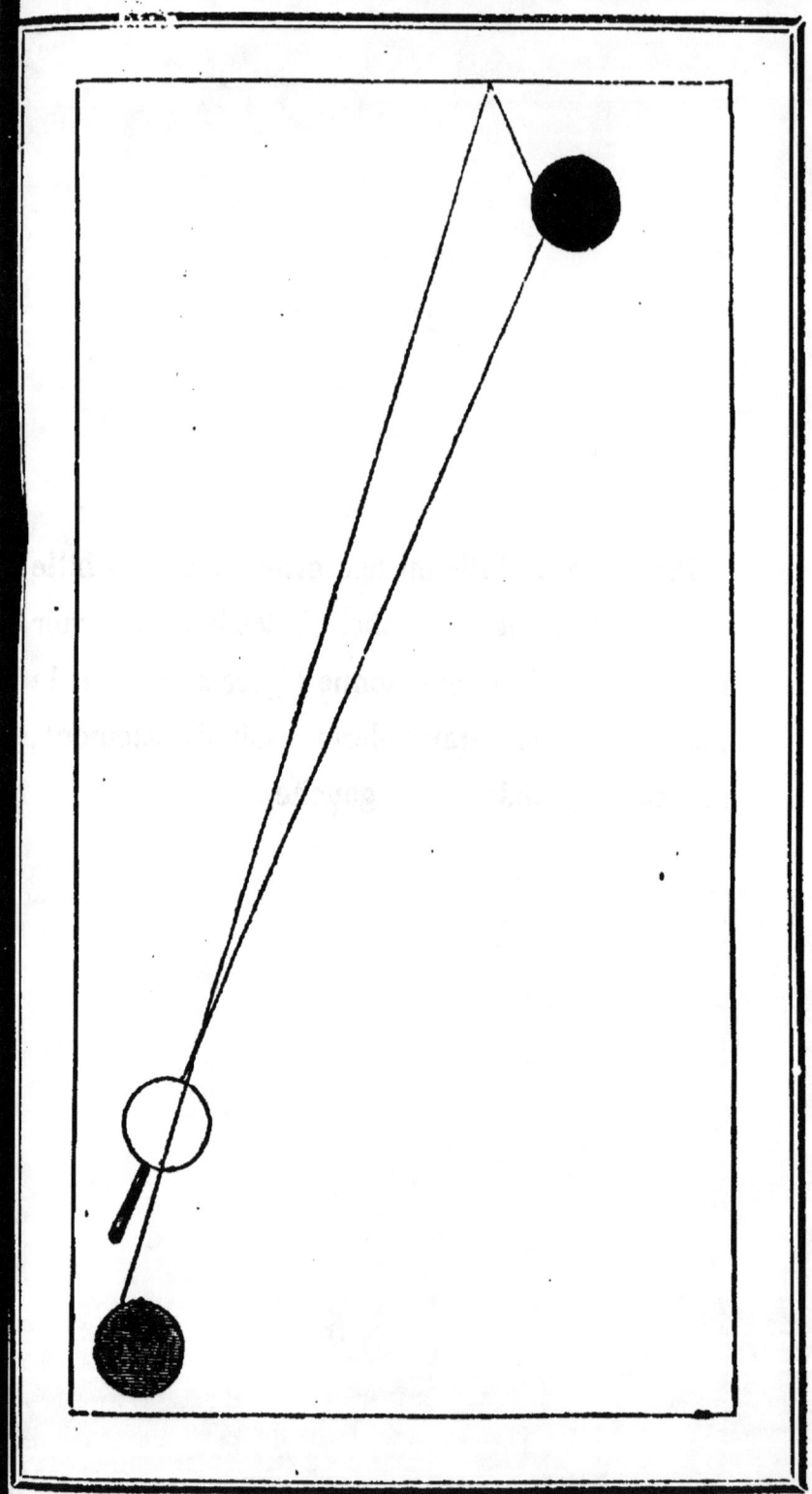

Fig. 2.

Fig. 3.

La bille n° 2 étant éloignée de la bille du joueur, il est difficile de prendre fin. Je conseille donc de prendre la bille n° 2 au tiers; mais, pour ne pas aller au milieu de la grande bande droite, je frappe ma bille en tête, avec effet contraire, à gauche. Que l'élève soit bien pénétré qu'à distance il est difficile de prendre très-fin; c'est ce motif qui m'a décidé à jouer presque toujours ce coup par effet contraire, ce qui le rend plus facile en permettant de prendre plus plein.

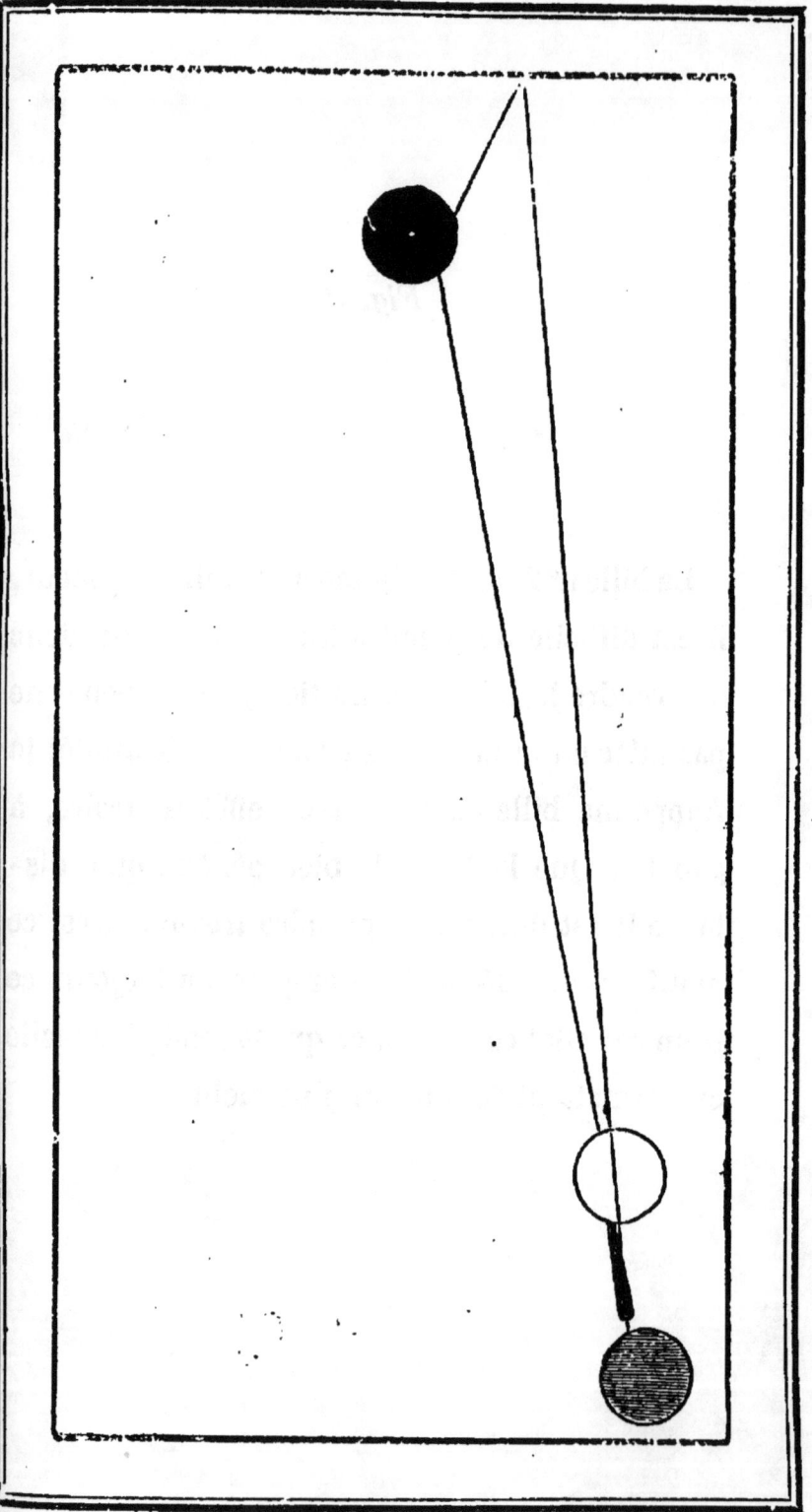

Fig. 3.

Fig. 4.

Si l'on jouait ce coup sans effet de côté, on n'irait guère plus loin qu'au milieu de la grande bande gauche. Il est donc nécessaire de faire un effet de côté, à gauche, afin de faire aller votre bille dans l'angle. L'élève devra s'appliquer à ne pas serrer la queue, et à faire le mouvement de va-et-vient trois ou quatre fois. Il ne faut pas prendre bas, cela élargirait l'angle et ferait double emploi avec l'effet de côté; jouez demi-fort; telles sont les conditions essentielles pour la réussite de ce coup.

DU JEU DE BILLARD 29

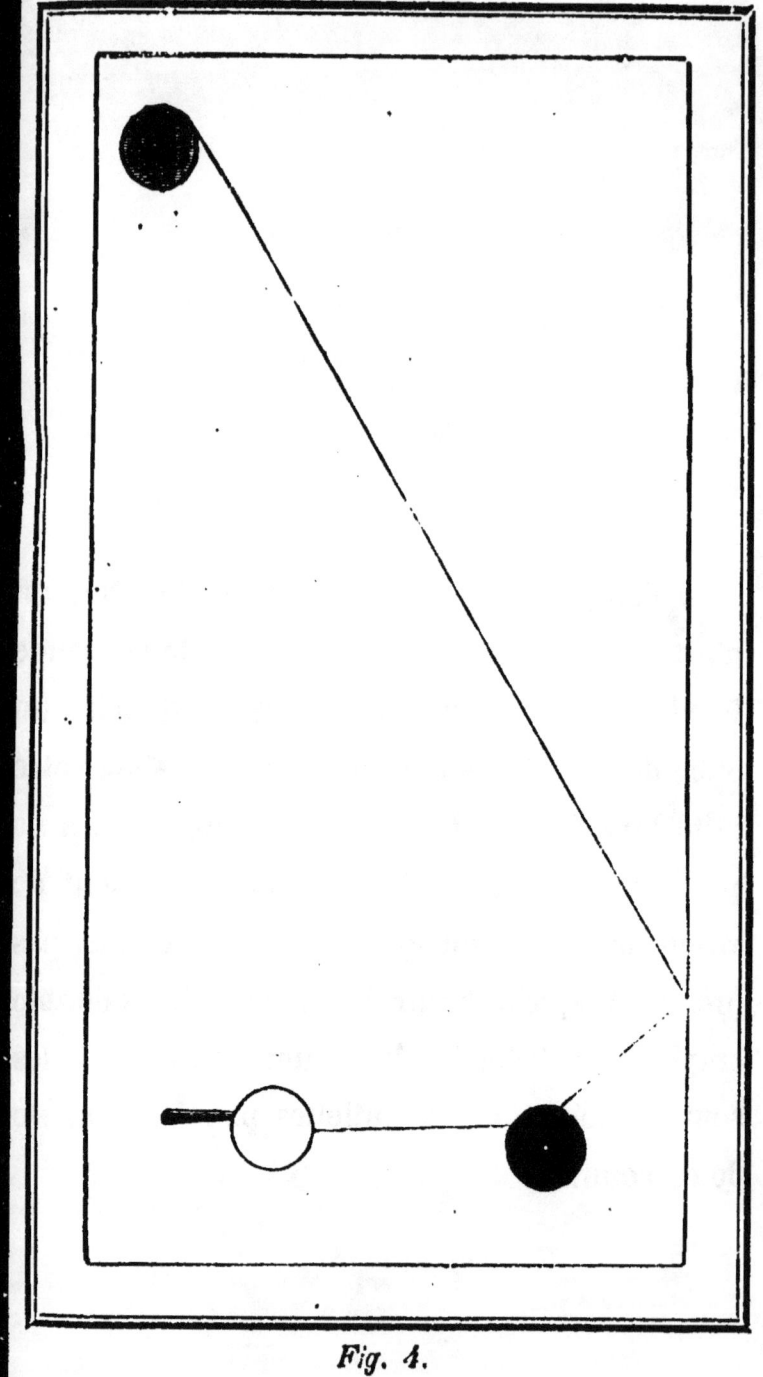

Fig. 4.

Fig. 5.

Même coup que le précédent, mais avec effet à droite très-accentué. Cet effet s'obtient en prenant la bille de côté, et au centre comme hauteur. Quand le joueur aura besoin de beaucoup d'effet, qu'il se souvienne bien qu'il doit prendre sa bille dans sa plus grande largeur, et le plus de côté possible. Le coup de queue, venant de l'*arrière* ou de *loin*, contribue également à augmenter la rotation de la bille, et à faire ainsi plus d'effet. L'élève devra tenir compte d'une légère déviation à droite de sa bille, que l'on pourra surtout observer lorsqu'on joue doucement, et il y remédiera en visant la bille n° 2 un peu plus plein que ne l'indique le dessin placé ci-contre.

Fig. 5.

Fig. 6.

La bille n° 2 étant collée, le joueur doit prendre sa bille à gauche et au-dessous du centre ; sinon la bille du joueur ne partirait pas franchement de la bande. L'élève devra s'appliquer à bien réussir ce coup qui est un des plus difficiles parmi les coups élémentaires. Une condition pour le bien jouer, c'est de frapper sa bille vigoureusement. Je conseille au lecteur de placer les billes dans des positions à peu près semblables et de travailler ce genre de coup très-assidûment.

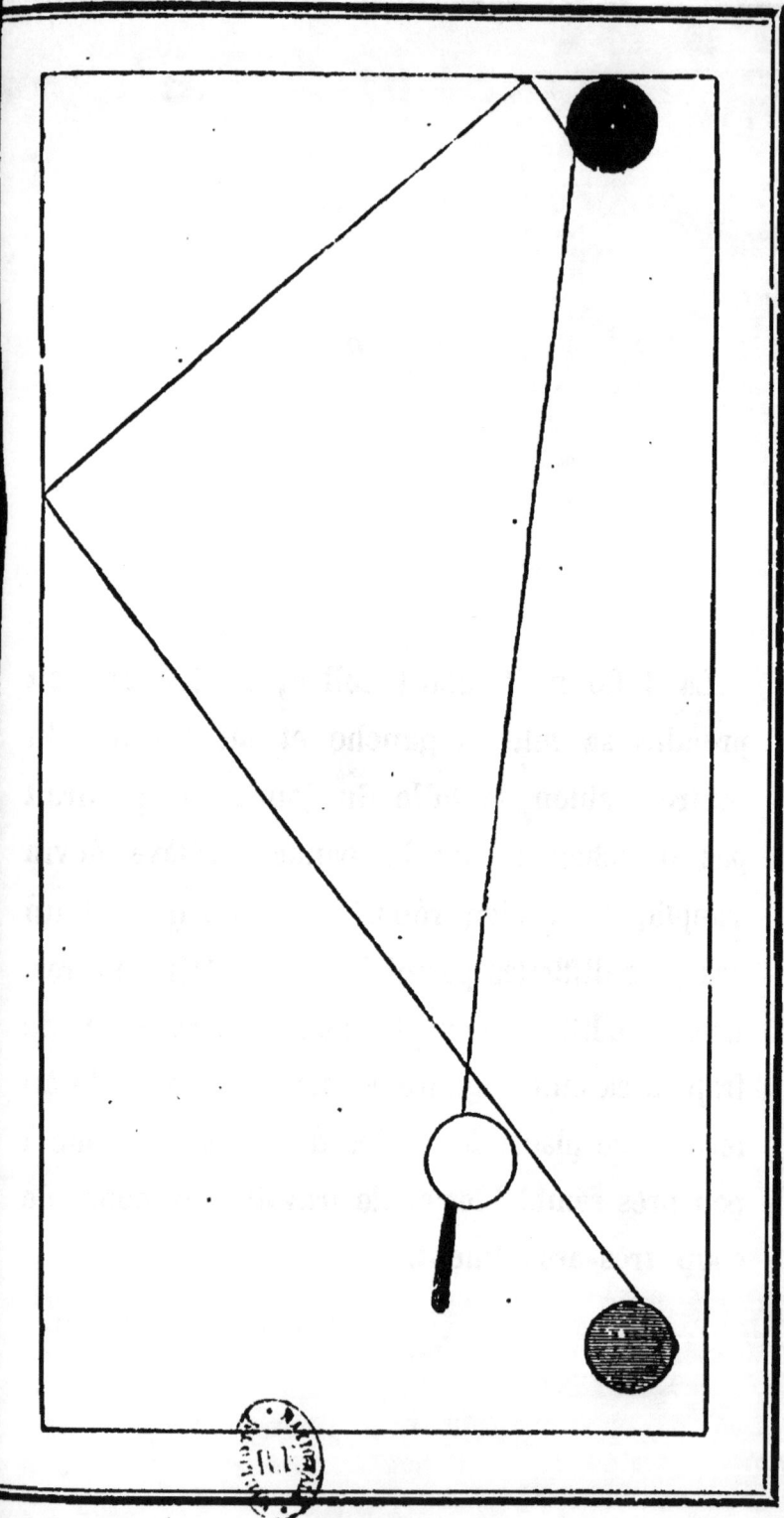

Fig. 6.

Fig. 7.

Coup naturel : doit être joué avec la bille en tête, sans effet de côté et assez doucement. Je recommande bien à l'élève d'étudier ce coup, de se le rappeler ; il lui sera d'un puissant secours dans une grande quantité de coups directs et par une, deux ou trois bandes. Effectivement, quand le joueur aura bien observé l'angle que fait sa bille, quand il la prend en tête et sans effet, la bille n° 2 au tiers, il jugera vite s'il a besoin, dans les coups par bandes, d'effet de côté ou d'effet contraire.

DU JEU DE BILLARD

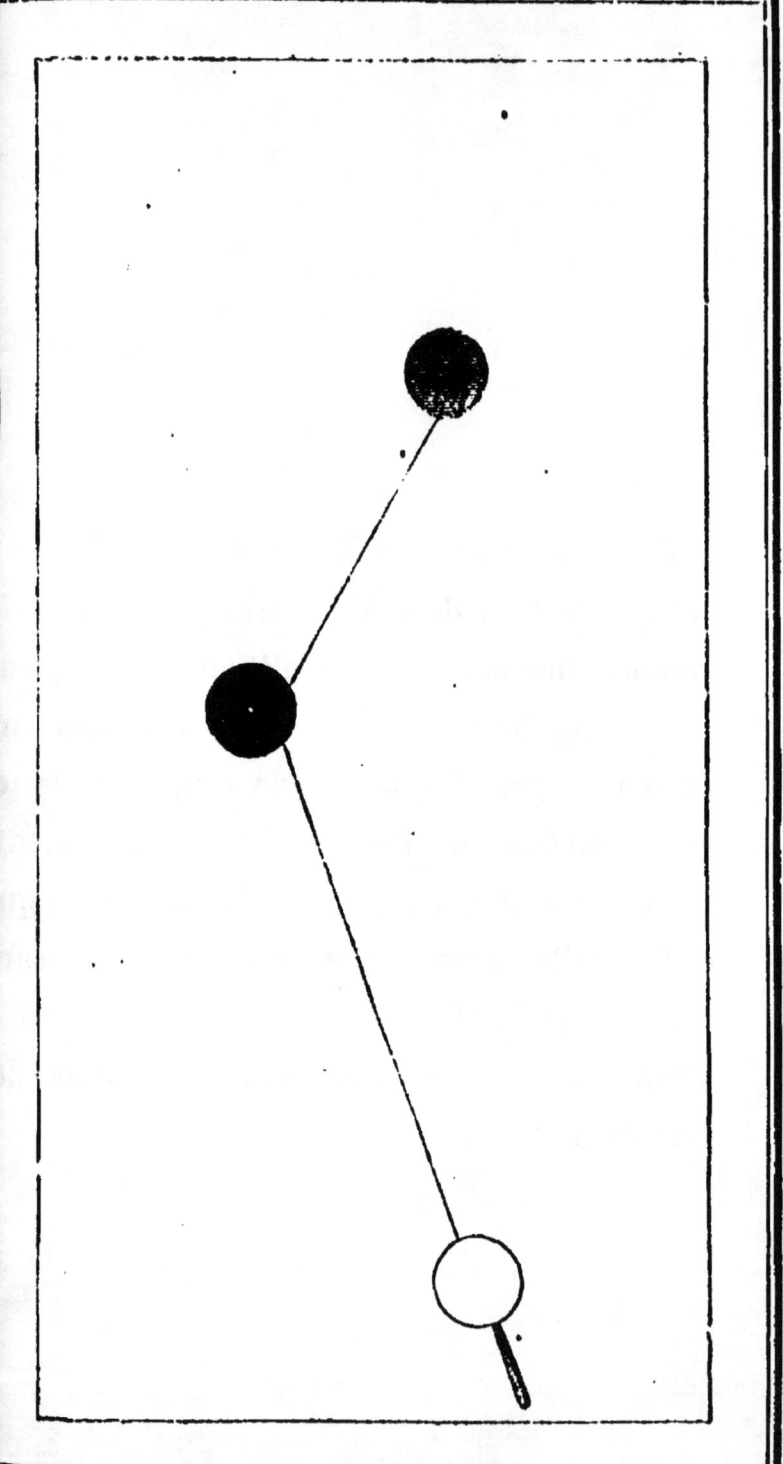

Fig. 7.

Fig. 8.

Même coup que le précédent ; mais l'angle s'élargissant, il faut, pour obtenir ce résultat, prendre sa bille un peu plus bas, jouer un peu plus fort, et aussi frapper la bille n° 2 légèrement plus plein. Etudiez ce coup dans diverses positions; quand l'angle s'élargira, prenez un peu plus bas, et jouez un peu plus fort; si, au contraire, l'angle se rétrécit, il faut prendre sa bille plus haut, jouer moins fort et prendre plus fin.

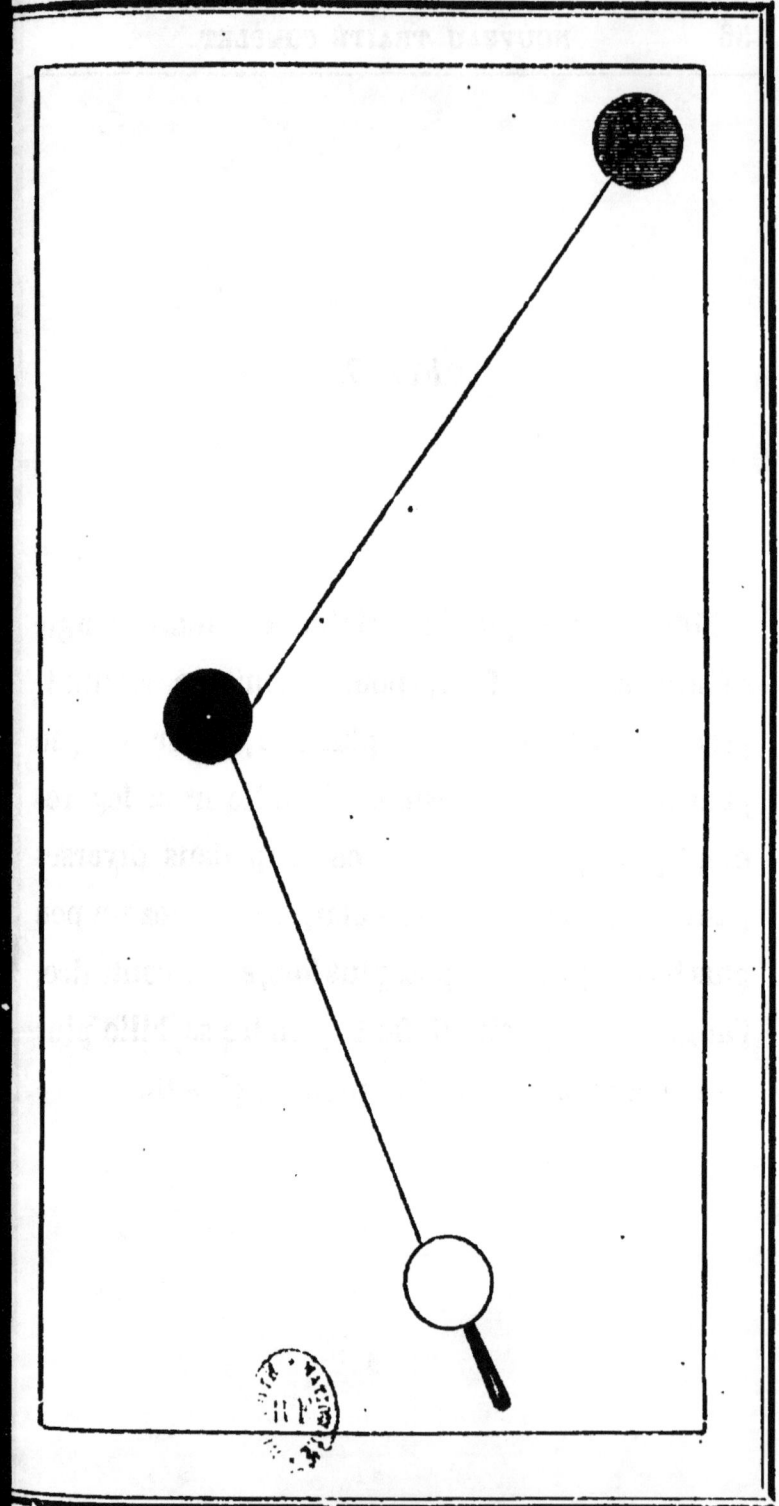

Fig. 8.

Fig. 9.

Dans tous les coups directs par le fin, je n'admets pas les effets de côté, qui, en définitive, font dévier la bille. L'amateur doit se baisser de façon à pouvoir bien ajuster sa bille; il **faut** faire marcher l'avant-bras; car, plus le coup **vient** de loin, moins la bille dévie. Quand les billes n°s 1 et 2 sont très-éloignées, nous prenons notre bille un peu bas, toujours sans effet, de manière à ce que la bille suive une ligne parfaitement droite; si les billes sont rapprochées, il faut jouer moins fort, sinon, la vôtre serait rejetée plus à droite, et vous ferait, par conséquent, manquer le carambolage.

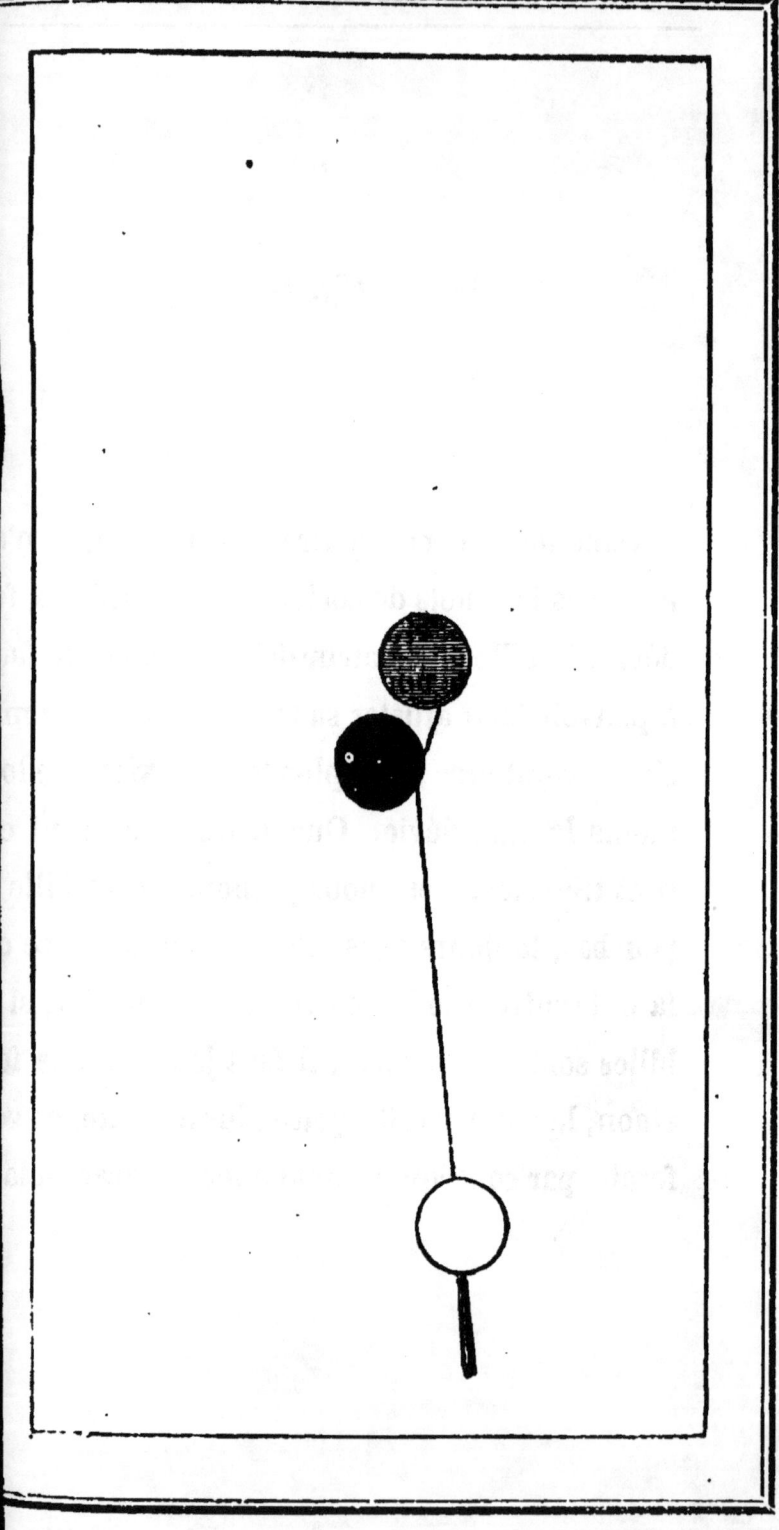

Fig. 9.

Fig. 10.

Si nous ne faisons jamais d'effet de côté dans les coups directs par le fin, il n'en est pas de même quand la bille n° 3 est près d'une bande. Dans l'exemple ci-contre, nous prenons notre bille à gauche et au centre, nous allongeons le coup afin d'obtenir le plus possible de rotation, de sorte que, si nous ne faisions pas le coup directement, nous carambolerions après avoir touché la bande. Comme tous les coups élémentaires, celui-ci doit être étudié jusqu'à ce qu'on le possède parfaitement.

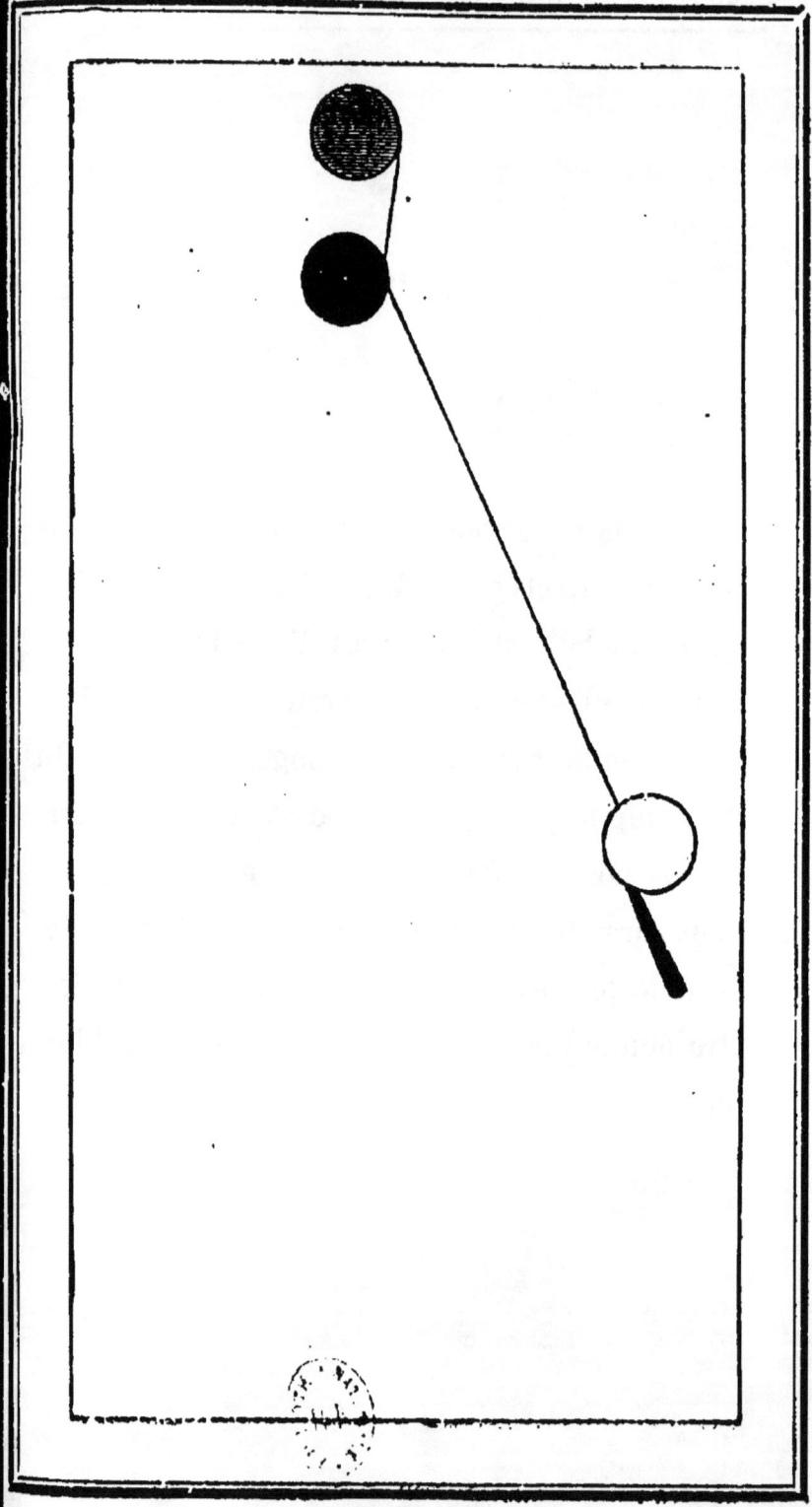

Fig. 10.

Fig. 11.

Coulé ou coup à suivre. — Il est peu de coups qui se présentent aussi souvent que celui-ci, aussi, recommanderai-je à l'élève de l'étudier jusqu'à parfaite réussite. Il faut prendre sa bille en tête, 4/5 ou 3/4 dans la partie haute, tenir la queue horizontale, la main qui est sur le tapis de 12 à 20 centimètres environ de la bille n° 1, imprimer à la queue un mouvement régulier de va-et-vient, trois ou quatre fois, et enfin prendre la bille n° 2 un peu à gauche, la bille n° 3 se trouvant un peu à gauche de la ligne idéale continuée par la queue.

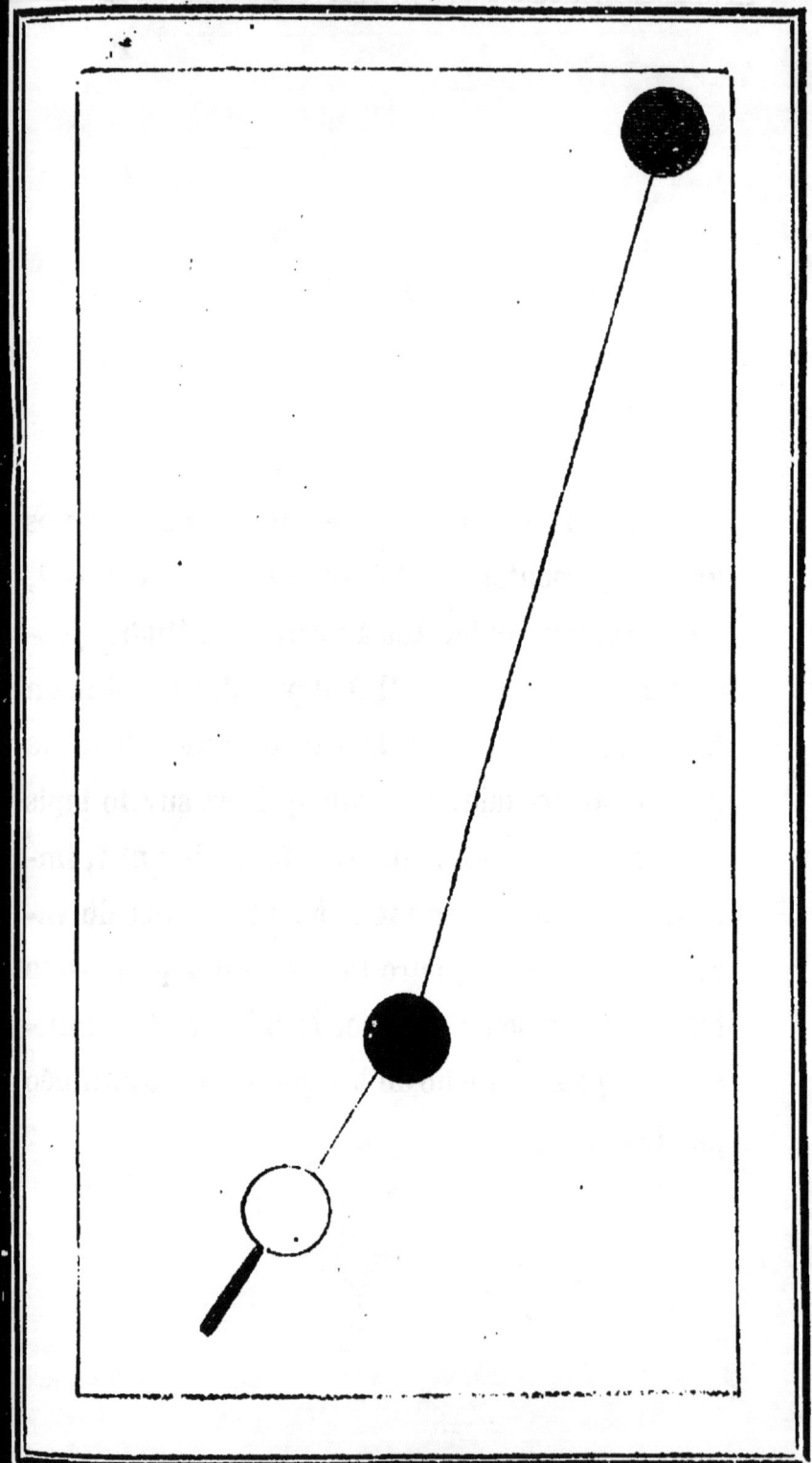

Fig. 11.

Fig. 12.

Coulé comme le précédent. C'est ici que, par des lignes placées à droite et à gauche de la bille n° 3, nous avons cherché à indiquer au joueur pourquoi il ne réussit pas.

La bille n° 1 étant près de la petite bande, on ne peut pas tenir la queue horizontale, c'est vrai, mais il faut néanmoins frapper sa bille en tête, sinon, elle ne suivrait pas bien la ligne indiquée.

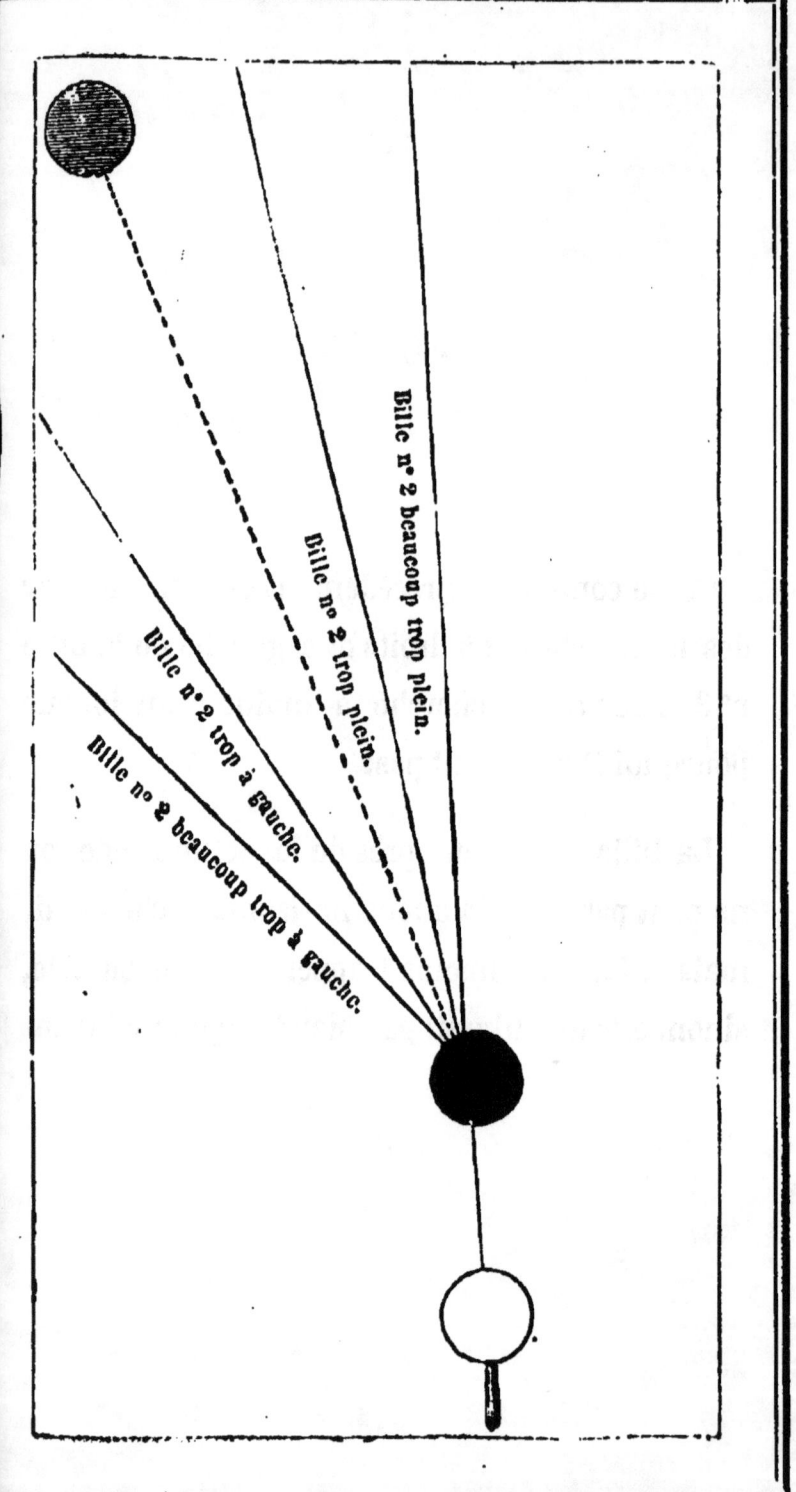

Fig. 12.

Fig 13.

Coup naturel. Prenez votre bille en tête, sans effet de côté, la bille n° 2 au tiers à gauche. Le joueur ne réussira qu'autant qu'il n'aura pas fait d'effet de côté, que le coup aura été joué demi-fort, et que la bille n° 2 aura été attaquée ainsi que l'indique le dessin ci-contre.

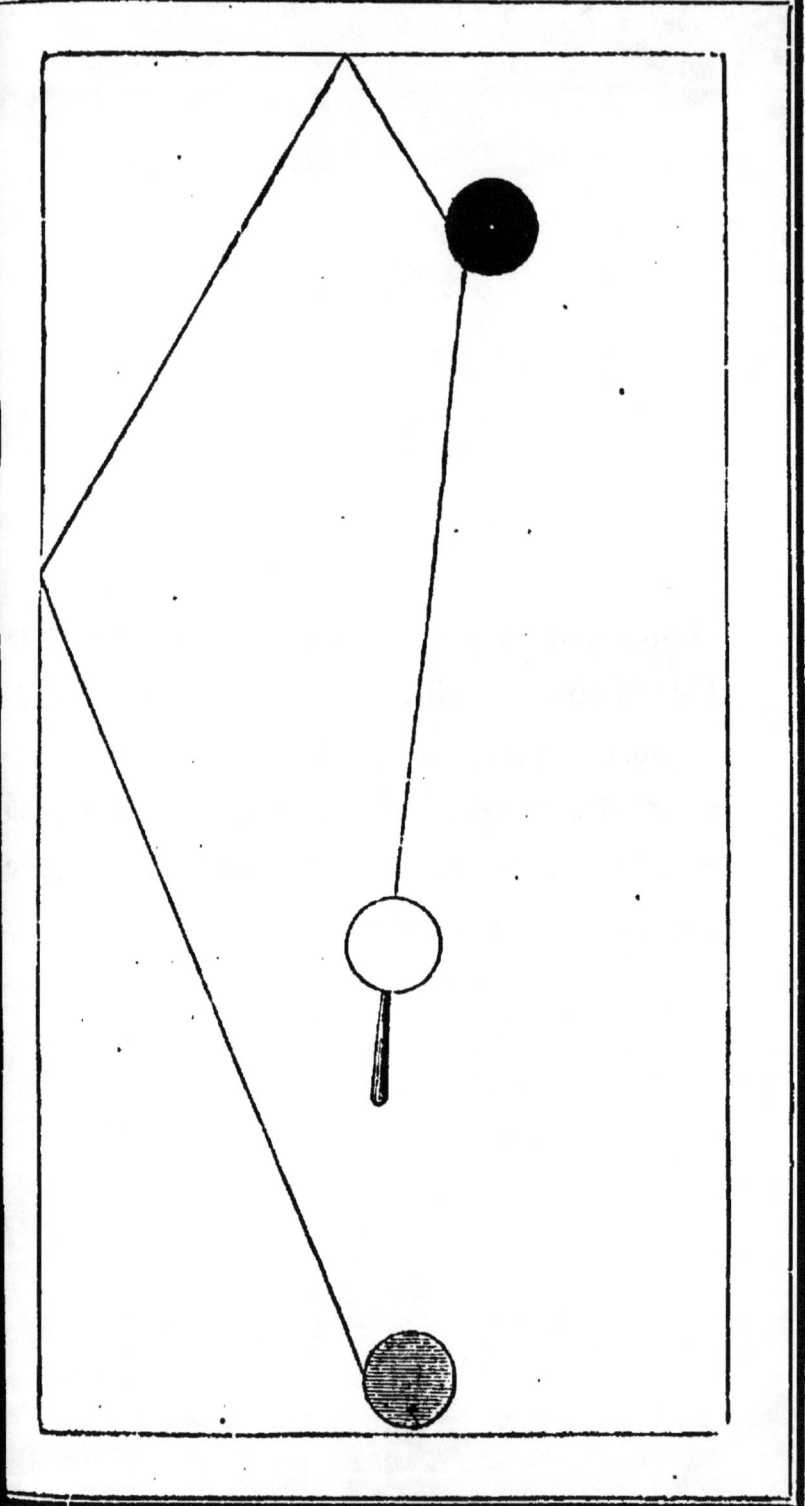

Fig. 13.

Fig. 14.

Bande 1re, bricole ou talon. Les billes étant toutes trois en ligne droite ou à peu près, on est forcé de jouer la bande avant. C'est ici que l'élève trouvera l'application de l'axiome : L'angle d'incidence est égal à l'angle de réflexion, quand on n'a pas fait d'effet de côté. Le joueur devra donc, d'un coup d'œil plus ou moins rapide, mesurer la distance qui existe entre sa bille et la seconde bille, qu'il doit toucher de préférence à la troisième, et frapper la grande bande gauche au milieu de cette distance.

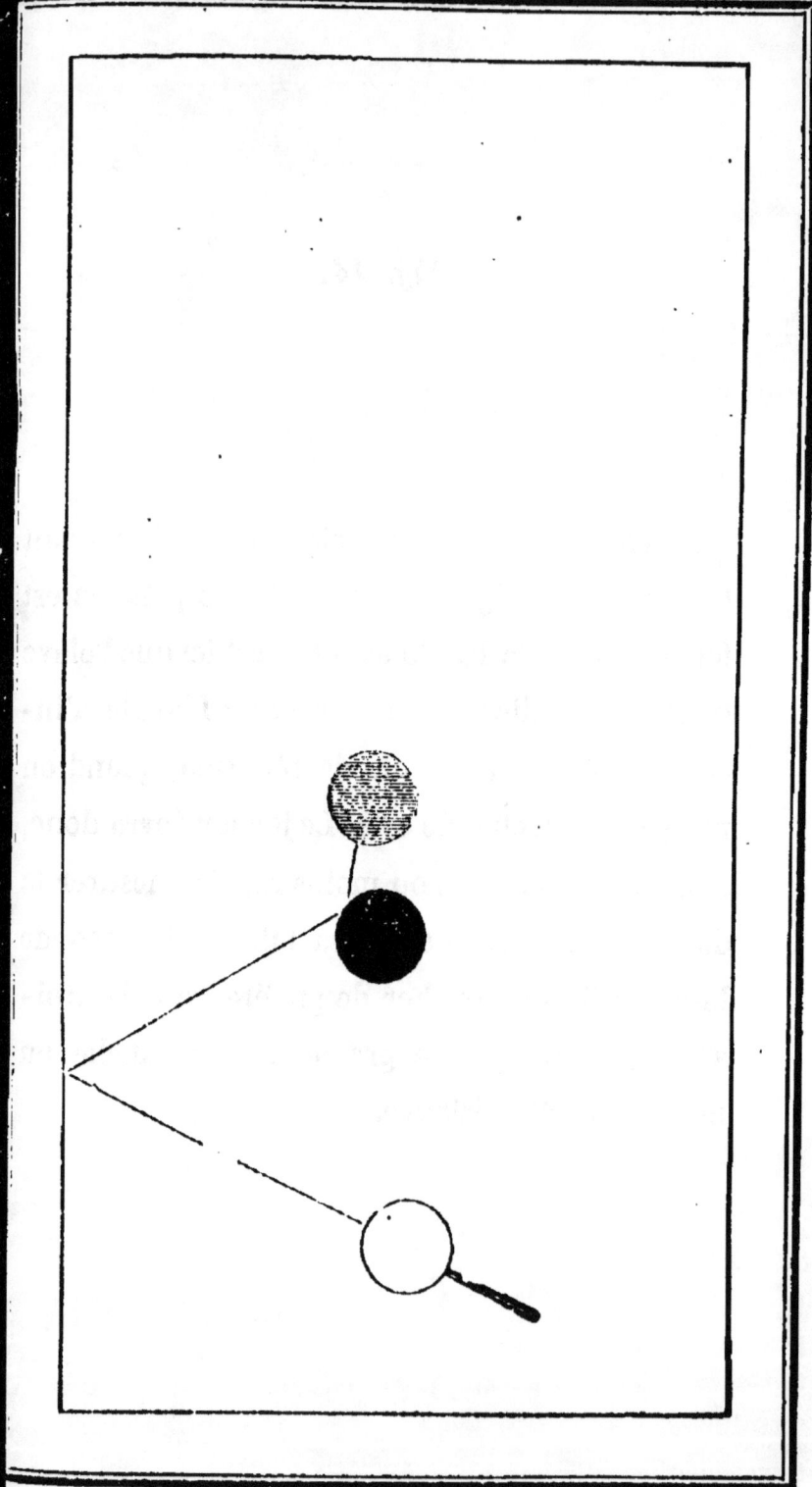

Fig. 14.

Fig. 15.

Ce quatre-bandes, qui se présente fréquemment, doit être joué avec une certaine vigueur. la bille du joueur doit être prise au-dessus du centre, avec effet de côté, à droite, bien fait, la bille n° 2, à peu près au tiers à gauche. Le contre, qui se produit souvent, provient surtout de ce que la bille du joueur a été assommée, et alors n'a pas bien couru. Quand la queue est tenue presque horizontalement, l'effet de côté bien fait, la bille n° 1 prise en haut, le contre ne se produit alors que fort rarement. Si la bille n° 2 était plus rapprochée de la bille n° 1, le joueur devrait prendre plus fin, de même que, si elle était plus éloignée, il faudrait qu'il prît sa bille un peu plus bas, et qu'il jouât plus fort.

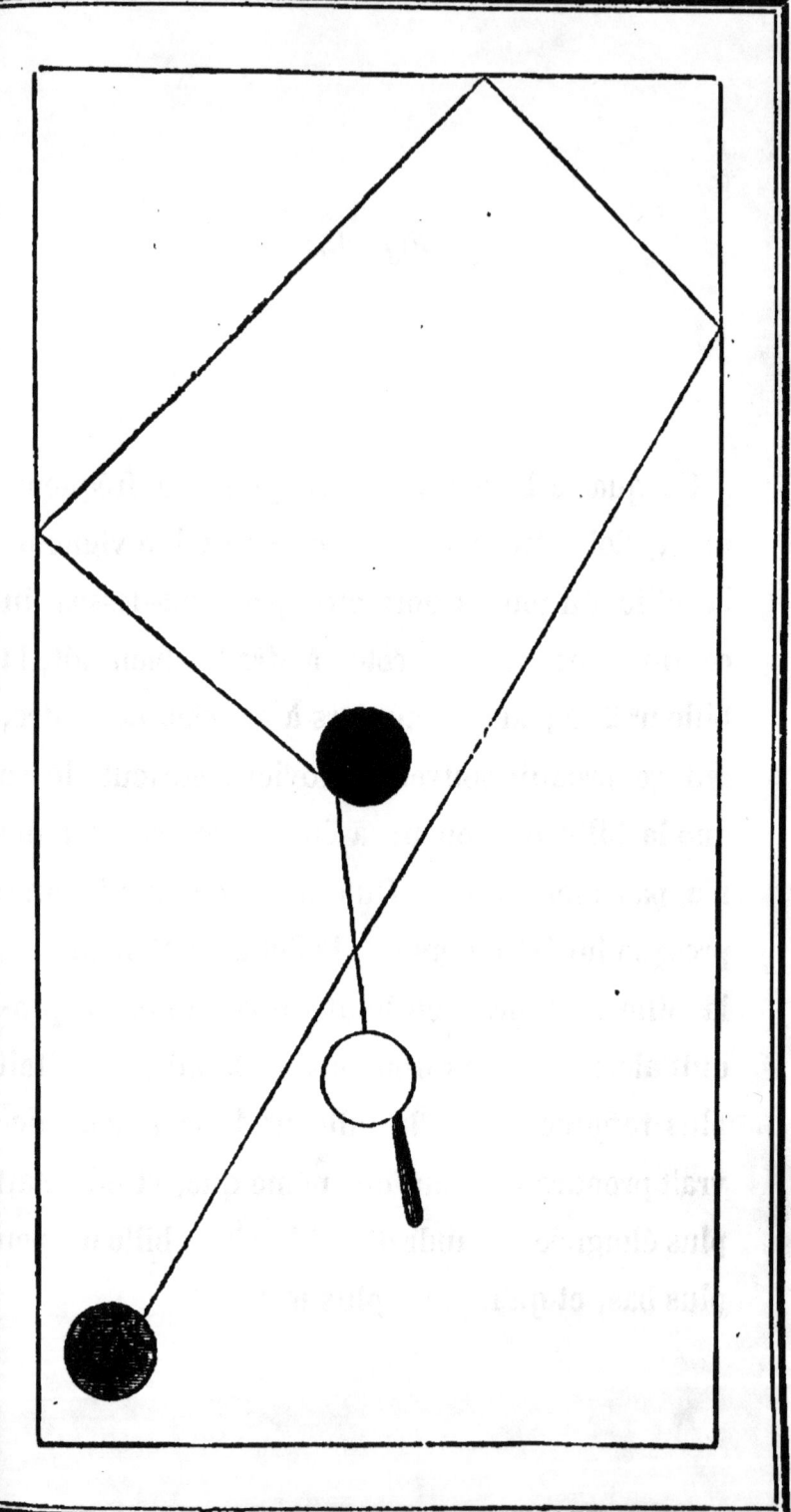

Fig. 15.

Fig. 16.

Prenez votre bille en tête et au centre, la bille n° 2 au tiers, et jouez le coup avec une certaine force. Votre bille ira frapper la petite bande du haut du billard et décrira une très-légère courbe qui vous fera aller dans la direction de la bille n° 3. Chaque fois que vous prendrez votre bille en tête, et que vous jouerez fort, sur une bille presque collée, vous pourrez observer cette courbe, dont il est parlé plus haut.

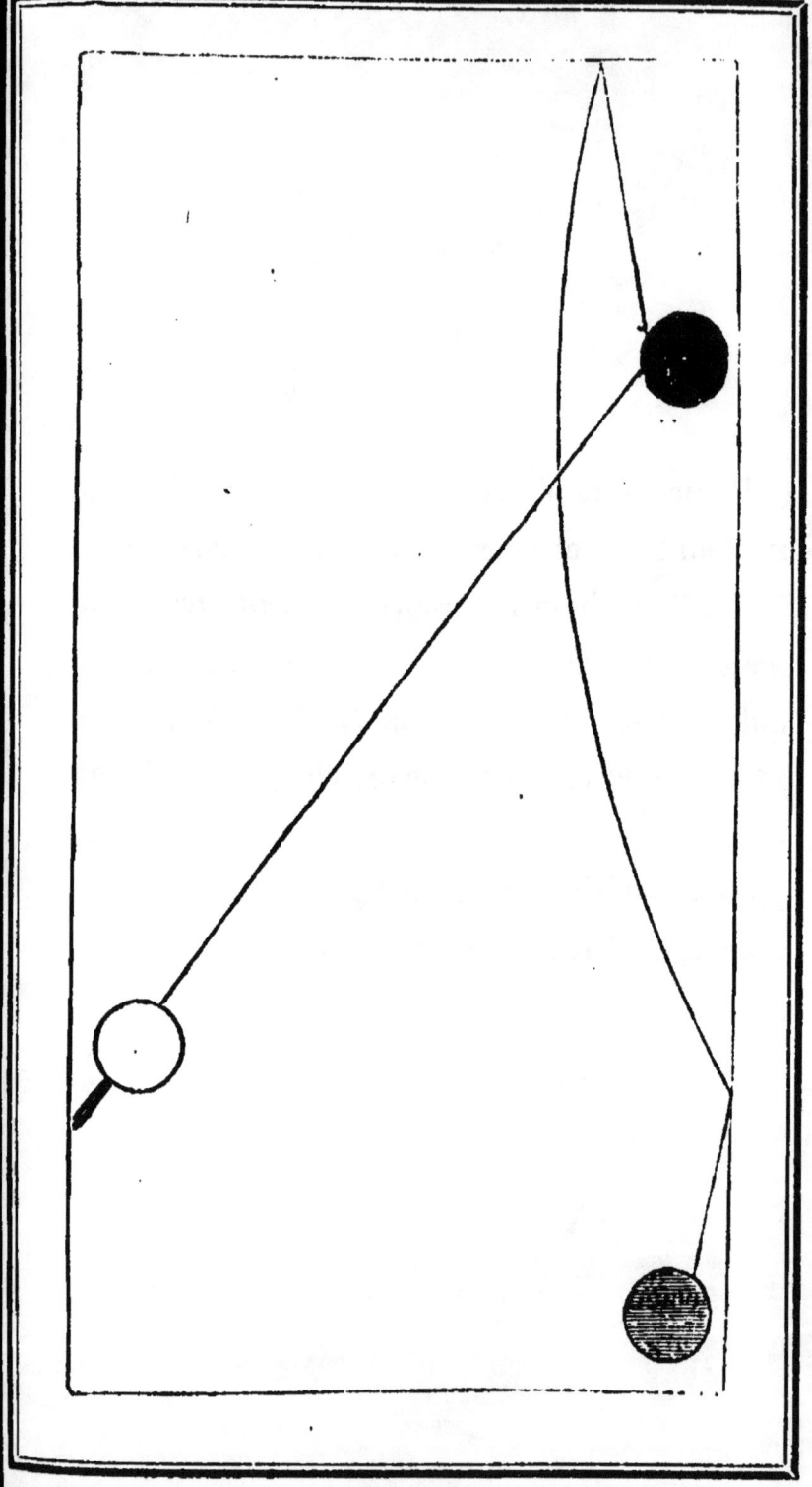

Fig. 16.

Fig. 17.

Coup rétrograde. C'est le coup qui rend le plus de services aux joueurs de série; aussi faut-il l'étudier longtemps avant de le bien jouer. On arrivera à ce résultat, en prenant la bille aux 4/5 de sa hauteur dans la partie basse, sans effet de côté, la queue tenue légèrement, la main qui est sur le tapis de 12 à 20 centimètres de la bille n° 1, selon qu'on voudra jouer plus ou moins fort. Je l'ai dit et je le répète avec intention : il ne faut pas d'effet de côté dans ce genre de coups, car, la bille étant moins large, on ne pourrait plus prendre aussi bas, l'adhérence étant moindre. Beaucoup d'amateurs croient qu'il faut retirer vivement la queue; nous conseillons, au contraire, dans les rétrogrades qui ne sont pas très-rapprochés, de laisser entrer la queue dans la bille n° 1, de façon qu'elle la dépasse de quelques centimètres, mais sans toutefois l'accompagner, ce qui empêcherait son mouvement de rotation. Le lecteur verra, par les lignes latérales que nous avons dessinées, ce qui l'a empêché de caramboler.

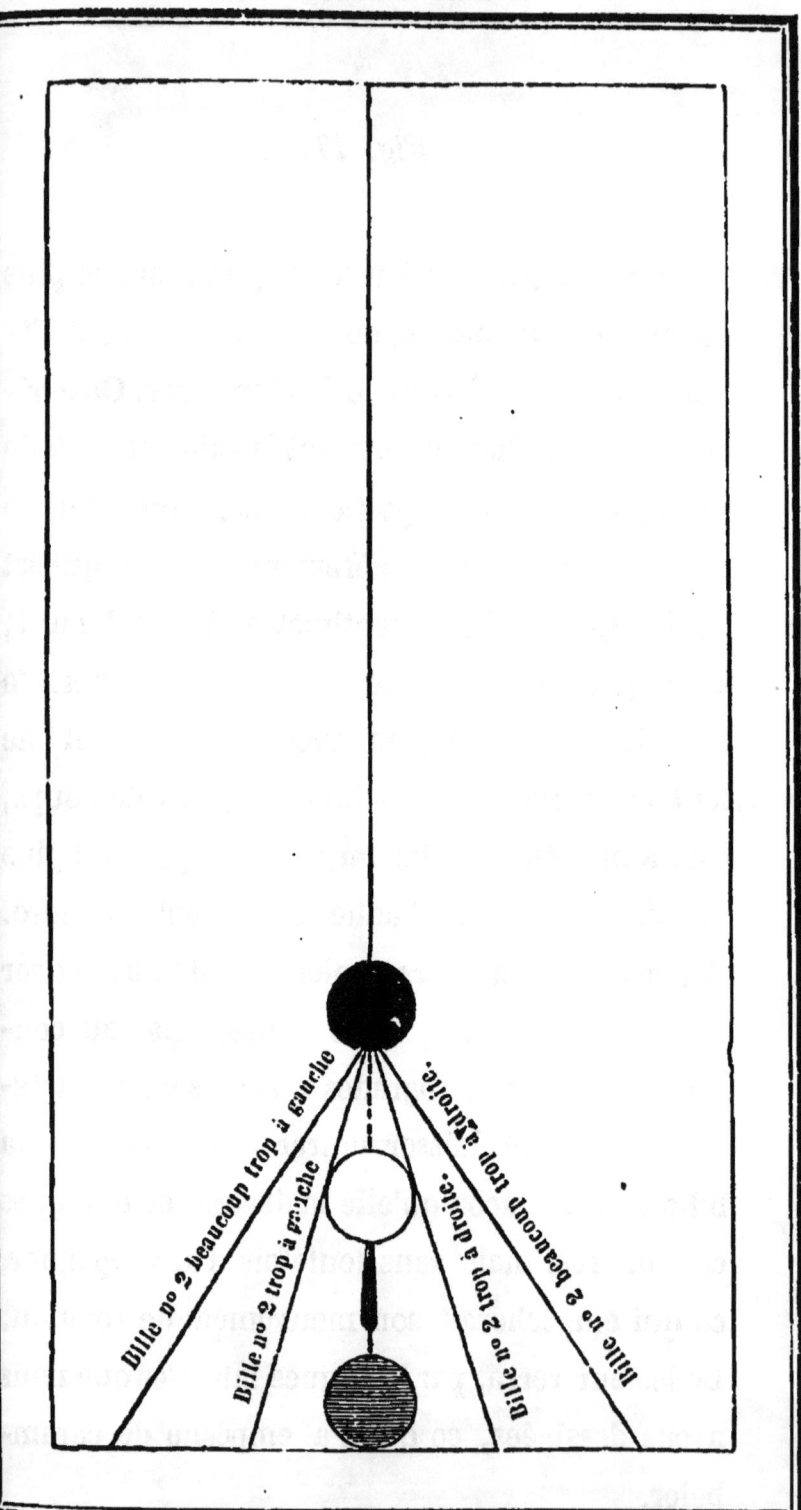

Fig. 17.

Fig 18.

Rétrograde additionné d'effet de côté. Prenez votre bille aux 3/4 au-dessous, et bien à gauche; la bille n° 2 à gauche également; vous irez à la bande où l'effet de côté vous fera glisser sur la bille n° 3.

Ce carambolage, qui a besoin d'être étudié dans beaucoup de positions semblables, doit être joué avec plus d'élan que de force; car l'effet de côté se développe d'autant mieux que le coup n'a pas été joué trop fort. L'élève reconnaîtra que son effet de côté a été bien fait si sa bille tourne bien; si, au contraire, elle ne tournait pas, il pourrait conclure que, quoique ayant visé sa bille à gauche, il l'a frappée au milieu.

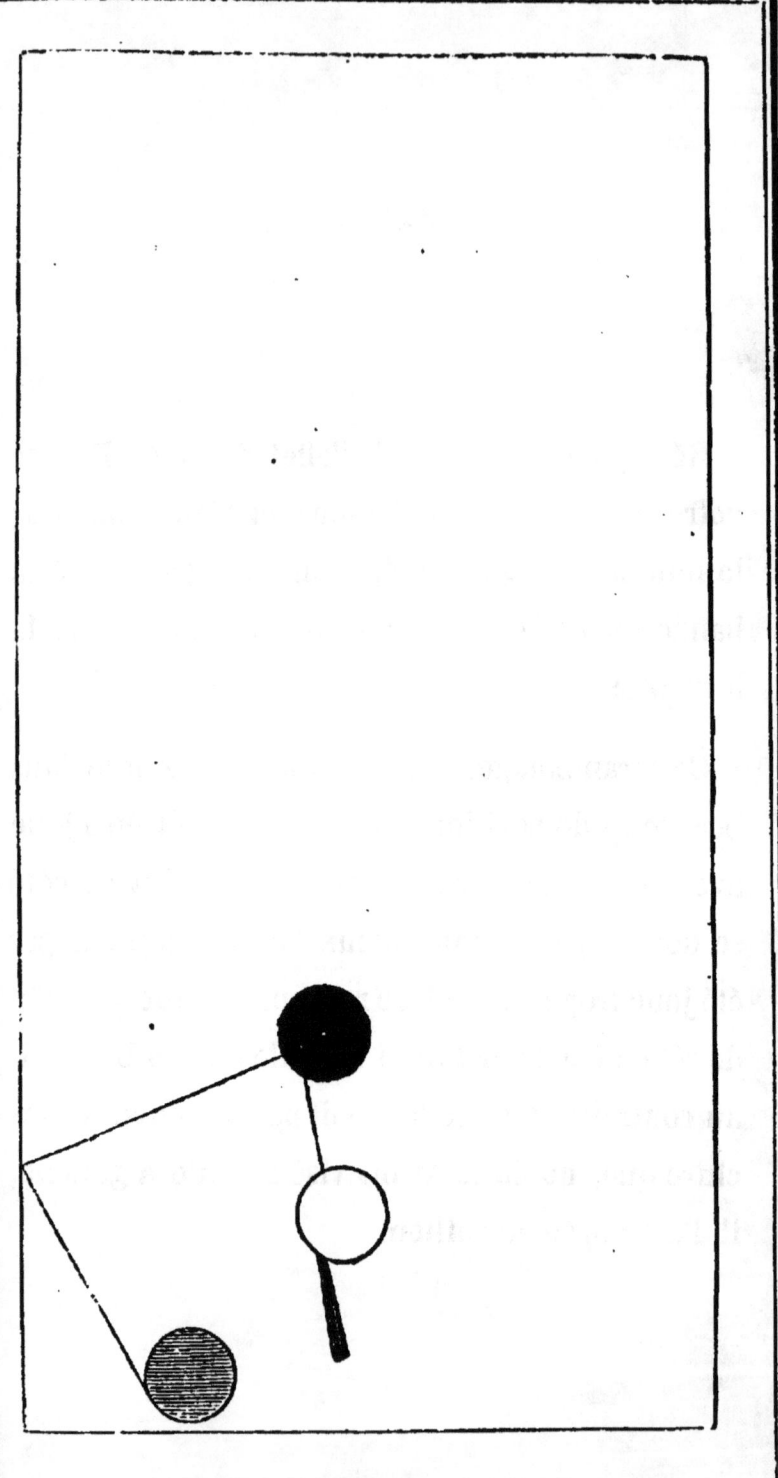

Fig. 18.

Fig. 19.

Même coup que le précédent, mais avec effet à droite.

Attaquez votre bille aux 2/3 en dessous, avec effet à droite, la bille n° 2 à droite également; jouez doucement en faisant bien marcher l'avant-bras, et vous carambolerez par une, quelquefois par deux bandes, car on n'est pas toujours sûr de frapper exactement le point visé.

Pour que ce coup soit bien joué, la bille n° 2 doit revenir doucement dans l'angle du billard.

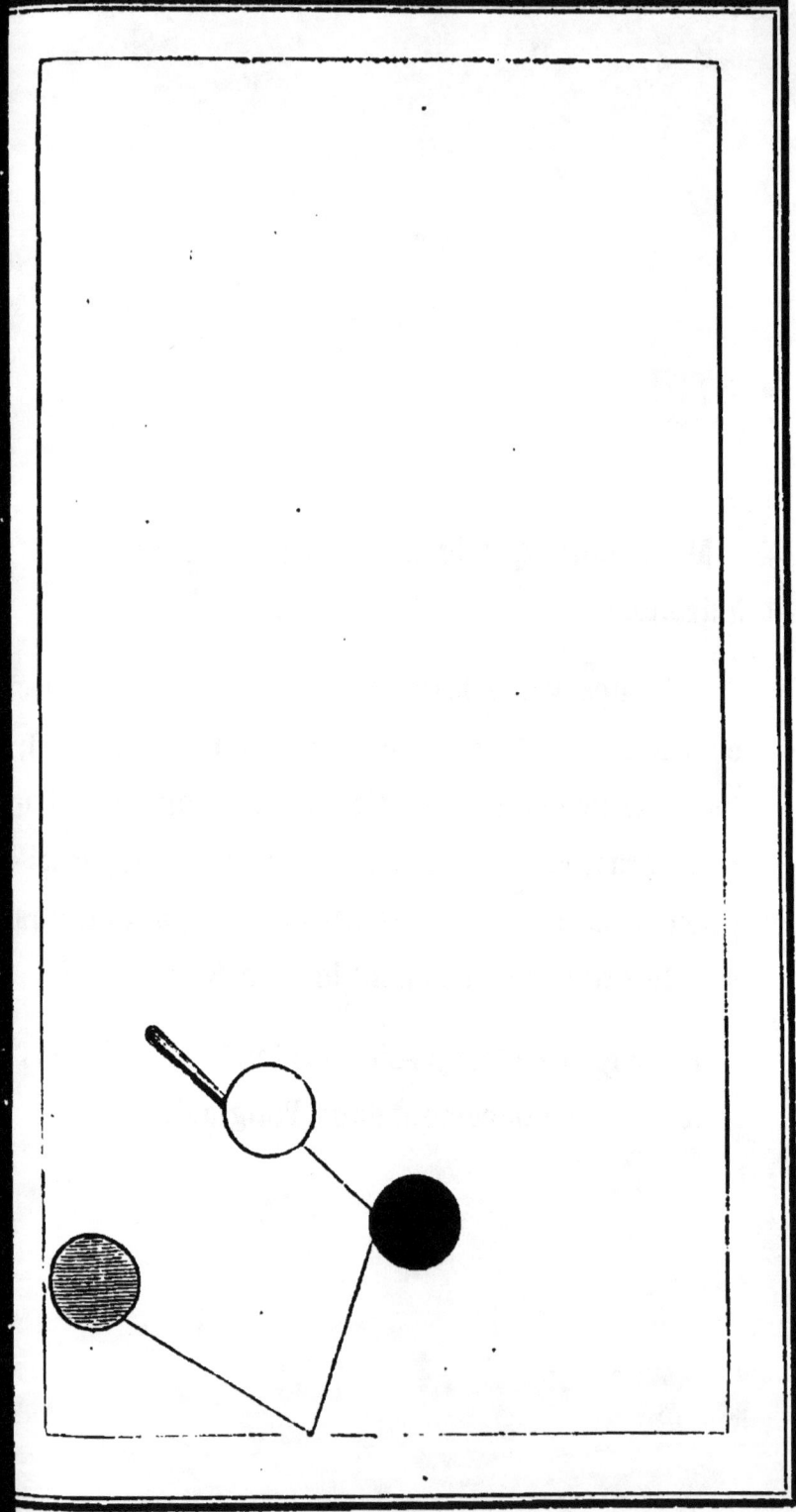

Fig. 19.

Fig. 20.

Tourniquet, ainsi appelé, parce que l'effet de côté à droite doit être tellement bien fait que la bille doit tourner très-vite à la grande bande, après avoir touché la petite bande du bas du billard.

Le joueur doit prendre sa bille très à droite et au centre, tenir légèrement la queue, ne pas jouer trop fort, et prendre la bille n° 2 ni trop plein ni trop fin, car il aurait un contre.

Il est facile de comprendre qu'on n'arrivera à bien jouer ce coup qu'après l'avoir essayé pendant quelque temps.

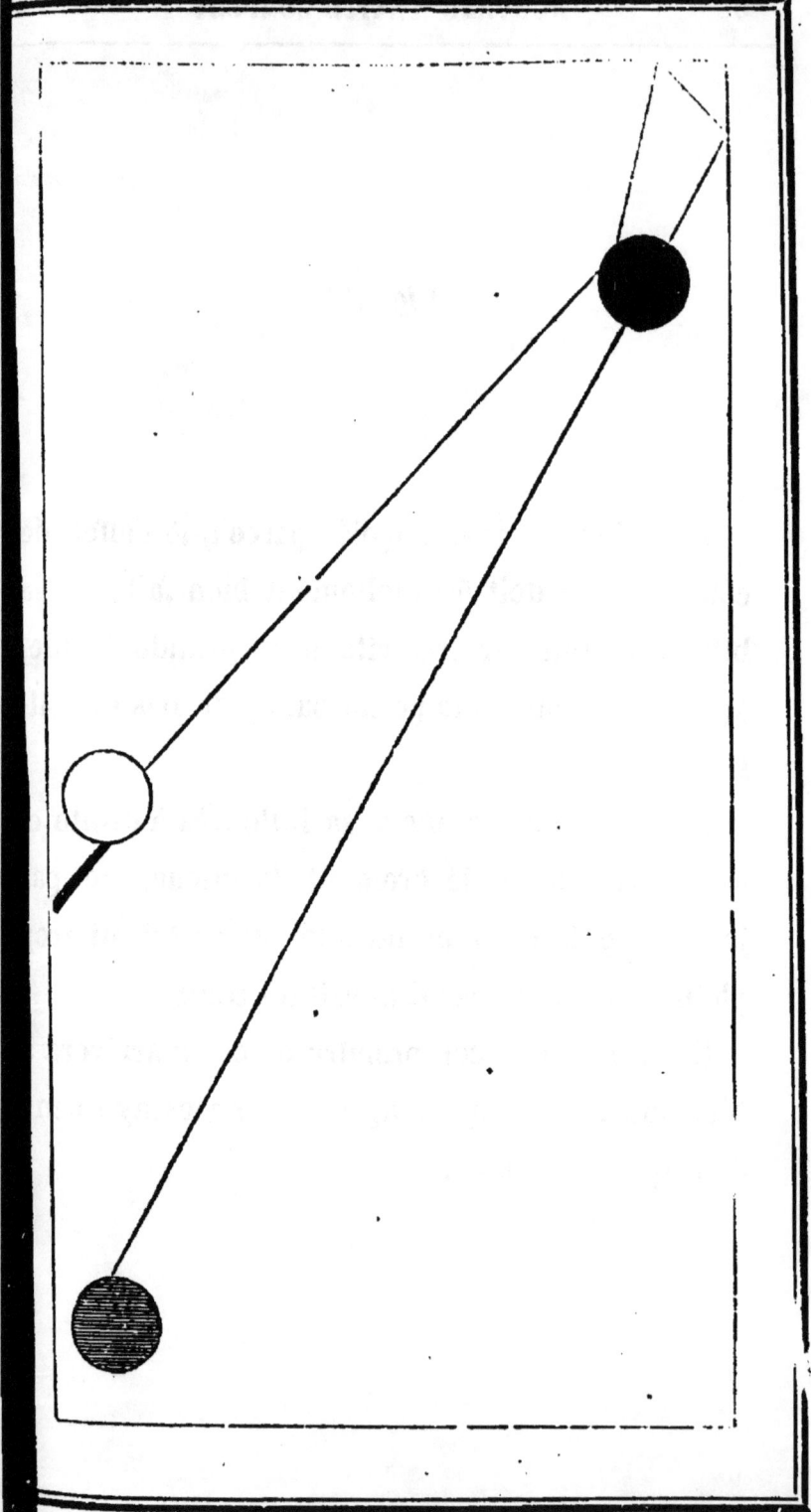

Fig. 20.

CARTES A JOUER

ANGLAISES
INALTÉRABLES
LES PLUS BELLES CARTES DU MONDE

PAR

Thomas DE LA RUE & C°, de Londres

MAISON A PARIS
37, RUE D'ENGHIEN, 37

---

cité Boufflers, 8, PRÈS LE MARCHÉ DU TEMPLE

Ci-devant : 19, rue Grenier-St-Lazare

HÉNIN

GRANDE FABRIQUE DE BILLES DE BILLARDS

COULANTS DE SERVIETTES ET ANNEAUX EN IVOIRE

Boutons de Portes, Articles Ivoire et Buffle pour la Quincaillerie

ACCESSOIRES DE BILLARDS & JEUX DIVERS

RETOURNAGE ET TEINTURE A TOUTE HEURE

PARIS

2, RUE NEUVE-DES-PETITS-CHAMPS,

CI-DEVANT RUE SAINT-HONORÉ, 89

LEMOINE

H. LECLERC, Successeur

SPÉCIALITÉ DE DRAPS POUR BILLARDS

TAPIS DE BUREAUX ET TABLES A JEUX

DRAPS POUR VOITURES

PARIS

70, RUE AMELOT, 70

DUVAL

FABRIQUE DE QUEUES, ARTICLES DE BILLARD
& JEUX DE SOCIÉTÉ

ARDOISES DE TOUTES DIMENSIONS NUES & ENCADRÉES

QUEUES DE BILLARD FRANÇAISES ET ÉTRANGÈRES
BLANC, PROCÉDÉS, PORTE-QUEUES ET MARQUES EN TOUS GENRES
DAMIERS, DOMINOS, ÉCHECS, JACQUETS, TRICS-TRACS
JETONS ET FICHES, PORTE-JOURNAUX ET PRESSE-CARTES

COMMISSION   **PARIS**   EXPORTATION

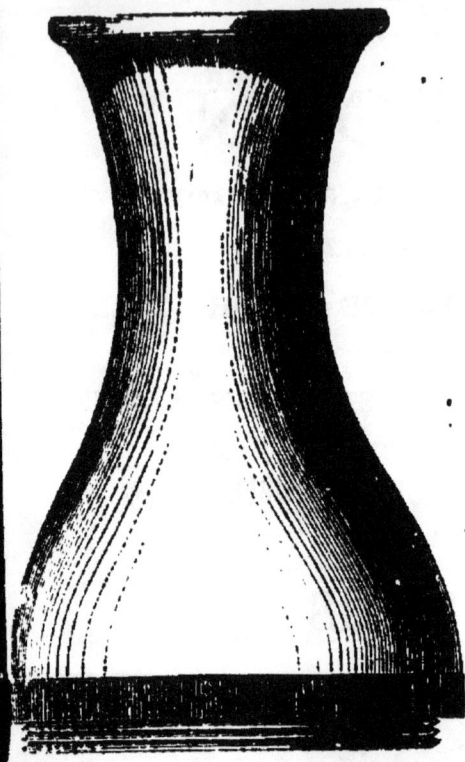

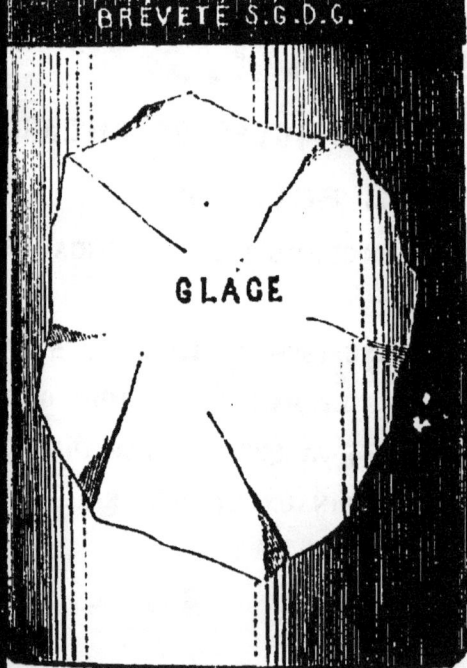

VERRERIE & PORCELAINE
Spécialité pour Limonadiers

THOMAS

breveté s. g. d. g.

15, rue Albouy, 15

PARIS

ENVOI FRANCO DE PORT ET D'EMBALLAGE
CONTRE MANDAT-POSTE

Les envois se font par caisse de

3 Carafes au prix de	3 fr. 50 la pièce
6	3 fr. 40
9	3 fr. 30
12	3 fr. 20

Hauteur de la Carafe : 26 centimètres.
Contenance : 1 litre environ.

3.

DEUXIÈME PARTIE

Jouer la série ! Voilà le rêve de tous les amateurs qui ne réfléchissent pas assez qu'une série est une suite de coups offrant tous plus ou moins de difficultés. Partant de ce principe, est-il nécessaire de dire que, pour faire beaucoup de points de suite, il faut connaître plus ou moins bien tous les coups qui se présentent ? Mais il est une chose sur laquelle je me permettrai d'appeler l'attention des chercheurs de séries, et qui peut d'ailleurs se résumer en quelques mots : Pour arriver à faire de longues séries, que le lecteur sache bien qu'il est au moins aussi difficile, aussi indispensable, de savoir se *préparer* des coups que de les *faire*. — Effectivement, c'est là qu'est le secret de ces séries de 80, 100, 150 et plus. Les amateurs d'une force ordinaire, en voyant faire autant de carambolages, se disent : ce n'est pas difficile et j'en ferais bien autant ; ce qui est vrai pour le coup, mais non pour la suite. C'est ainsi que raisonnent les joueurs d'une force stationnaire, qui attribuent tout au coup d'œil, et rien au travail et à l'étude. Pour faire des progrès, il faut que l'élève soit bien pénétré de ceci : étant donné un coup très-facile, on doit s'occuper moins du coup à faire que du coup suivant.

Les *fig.* 22, 30, 37, 38, 46, 48, 57, 60, 75, 80, 81, 85, représentent des coups simples, mais faciles, et cependant, si on ne les joue pas comme ils sont indiqués, on court le risque de ne faire qu'un seul point. Le but auquel doit tendre l'amateur, c'est de modifier sa manière de jouer, de se mieux placer, de se réserver des coups plus certains, et non des coups toujours aléatoires. Car il ne faut pas s'illusionner : les grandes séries ne se font pas avec des 4 bandes, des 6 bandes, des coups éloignés ; non ! une longue série est constamment faite de la même façon, à quelque chose près, c'est-à-dire composée de rétrogrades assez rapprochés, de petits coulés, de coups par le fin et le demi-plein, de piqués et de petits massés, ainsi que de coups par une ou deux bandes, autant de coups qui s'apprennent ; tandis que les carambolages espacés, collés, masqués, sont le plus souvent une perte de temps pour celui qui les étudie.

Concluons : l'élève doit perdre peu de temps à travailler les coups difficiles, et étudier au contraire avec ténacité les coups peu éloignés, tels que : petits coulés, rétrogrades, coups par une et deux bandes, piqués, massés, et rencontres, qui rassemblent la plupart du temps les billes.

Nota. — Le parcours suivi pour la bille blanche, c'est-à-dire celle du joueur, est indiqué par des lignes pointillées ; le parcours de la bille n° 2 est indiqué par des lignes grises.

Les cercles ou demi-cercles marquent le point de réunion des billes.

Fig. 21.

Coup naturel donnant la série. Quand les billes sont éloignées, il est dangereux, vu les déviations, de jouer doucement.

Frappez donc votre bille en tête, assez fort et au centre, la bille n° 2 à peu près au tiers à gauche, pour qu'elle aille dans le demi-cercle se réunir aux deux autres billes.

L'élève devra placer les billes dans quelques positions analogues, et étudier ce coup qui se présente fréquemment.

DU JEU DE BILLARD

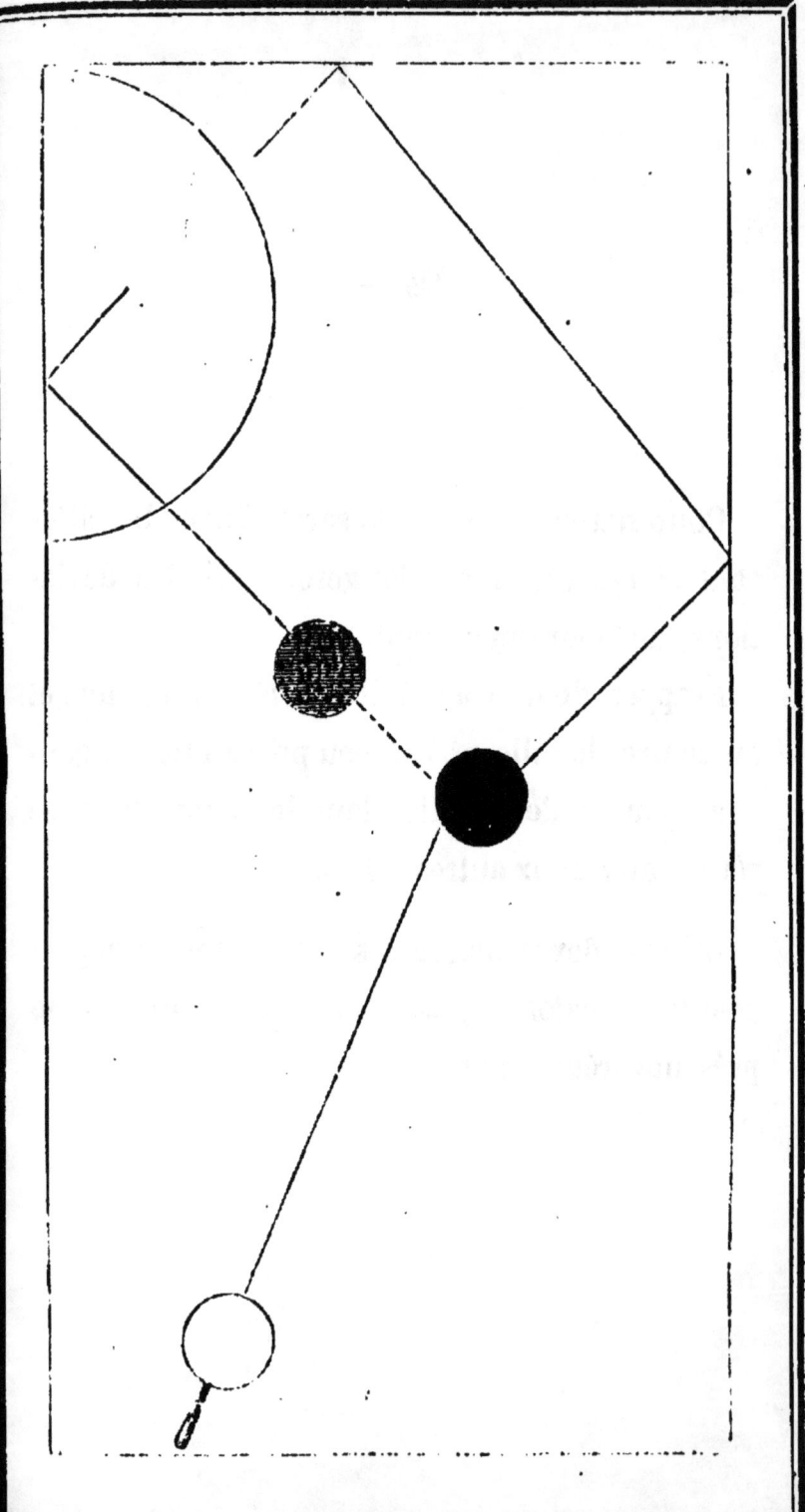

Fig. 21.

Fig. 22.

Petit coulé. Voici un coup que 99 joueurs sur 100 jouent trop fort, ce qui éloigne les billes, tandis qu'en jouant doucement, la bille n° 2 reste dans le demi-cercle. La bille du joueur doit être prise en tête, sans effet, la bille n° 2 très-peu à droite. La queue, tenue horizontalement, doit faire le mouvement de va-et-vient 3 ou 4 fois, et le coup être joué avec mesure.

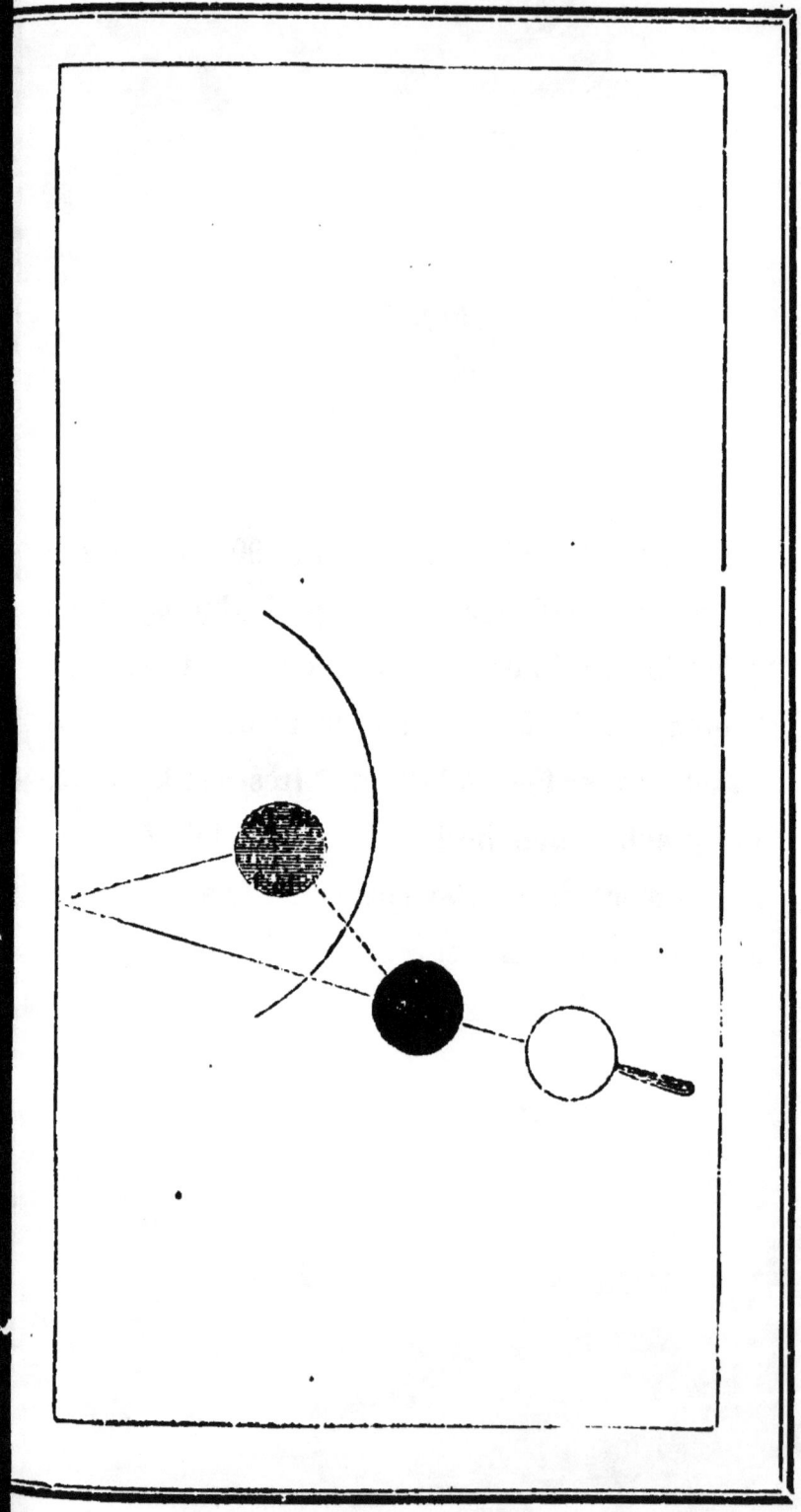

Fig. 22.

Fig. 23.

Même coup que le précédent, mais, comme les billes sont assez éloignées, l'élève doit prendre sa bille un peu plus au centre, ce qui contribue à la faire arriver plus exactement sur la bille n° 2, laquelle devra être frappée très-peu à gauche.

Beaucoup de douceur, sinon la bille n° 2 ne resterait pas dans le demi-cercle.

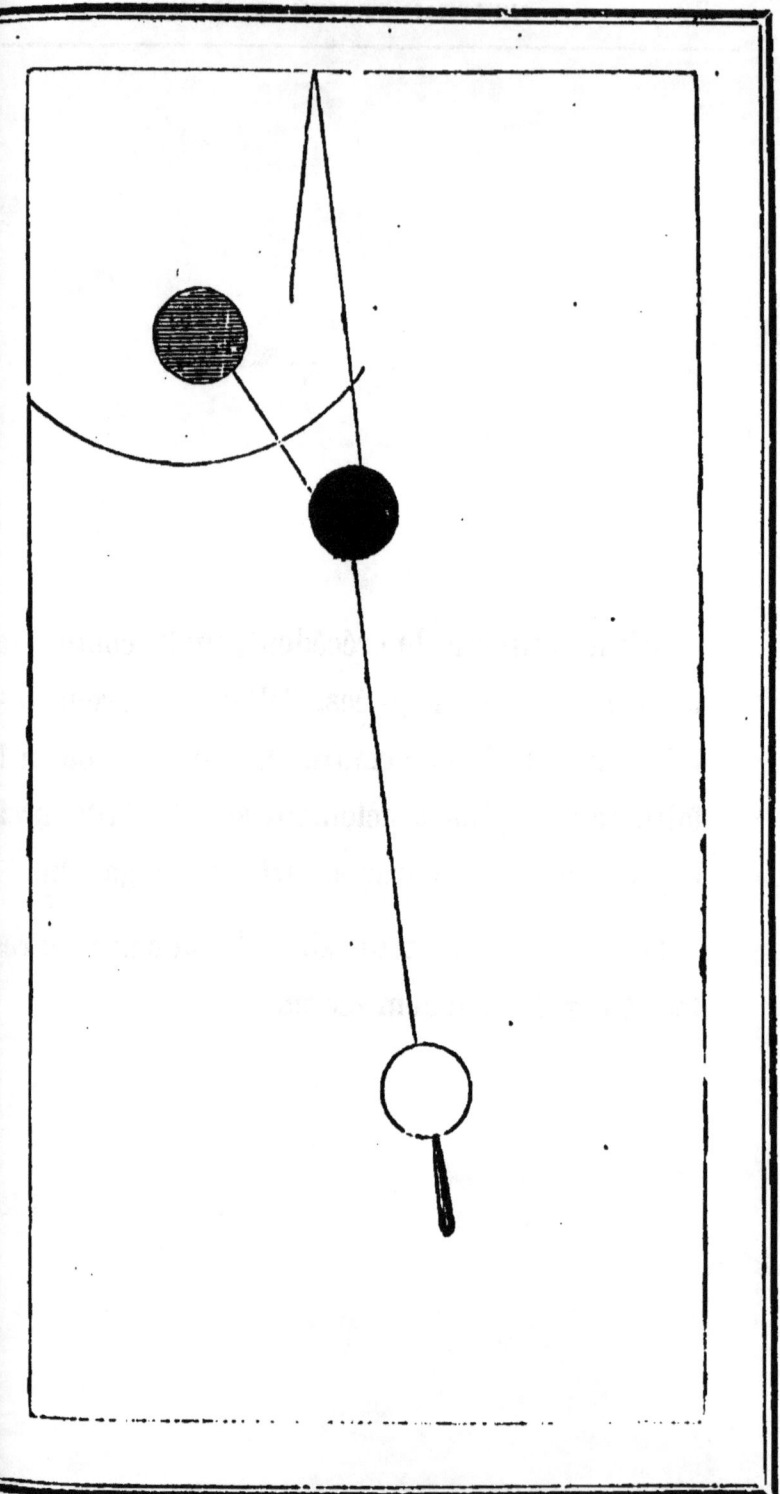

Fig. 23.

Fig. 24.

Le coup représenté ci-contre pourrait se jouer en coulant, mais la bille n° 2 s'éloignerait. Il est donc plus rationnel de ne pas faire dépasser à la bille n° 2 le quart du cercle, et on n'obtiendra ce résultat qu'en prenant très-fin. Le joueur devra prendre sa bille à gauche, afin de caramboler après avoir touché la bande. Plus d'élan que de vigueur.

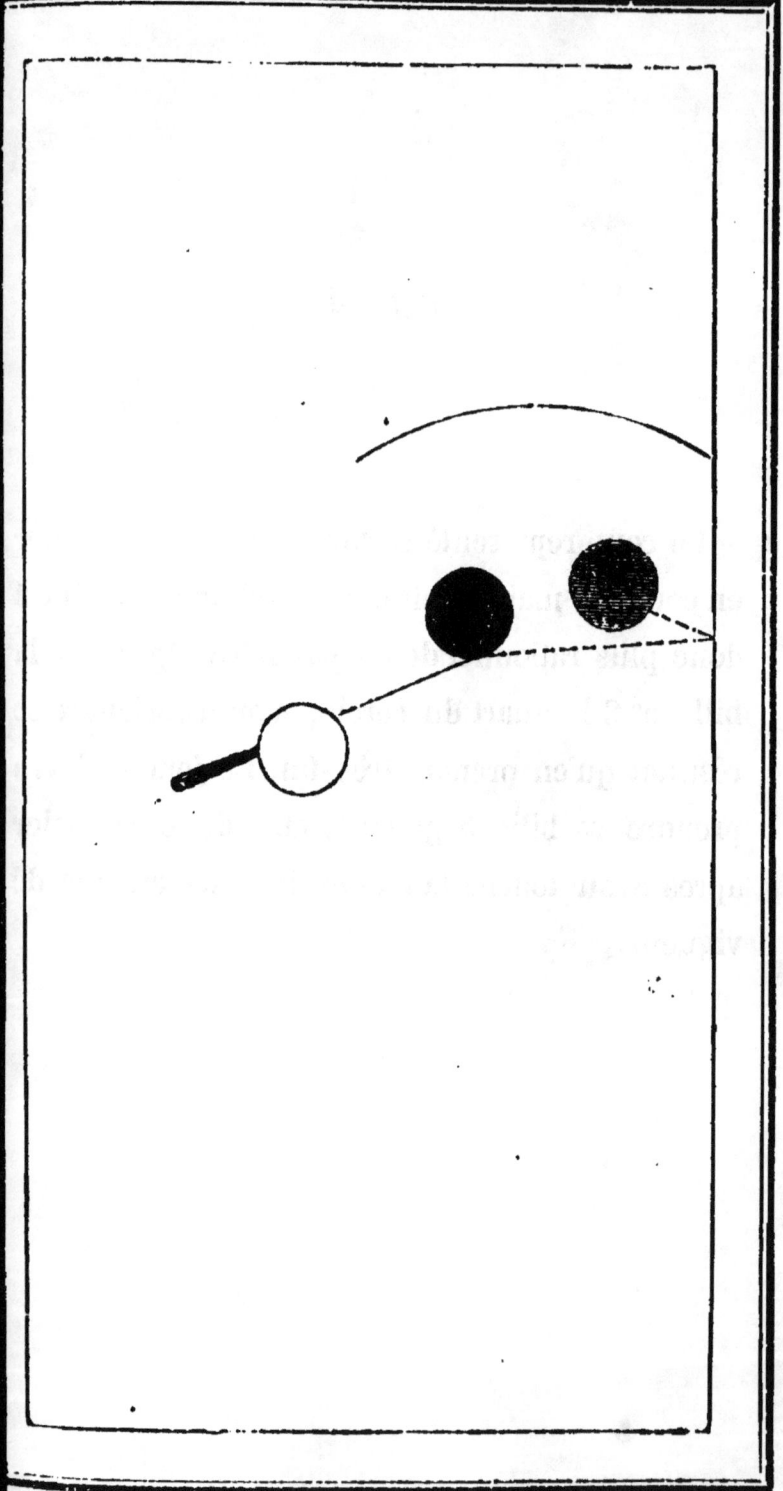

Fig. 24.

Fig. 25.

Coulé. Il faut jouer ce coup assez fort pour que la bille n° 2 revienne dans le demi-cercle. La bille du joueur **étant** presque collée, il faut lever la main, sinon l'on prendrait trop haut, ce qui ferait quelquefois faire fausse queue. La bille n° 2 doit être attaquée un peu à gauche, et comme les billes sont assez rapprochées, l'élève devra lever le petit bout de sa queue, sans quoi il s'exposerait à queuter. Que le joueur prenne bonne note de cette observation dont il trouvera souvent l'application.

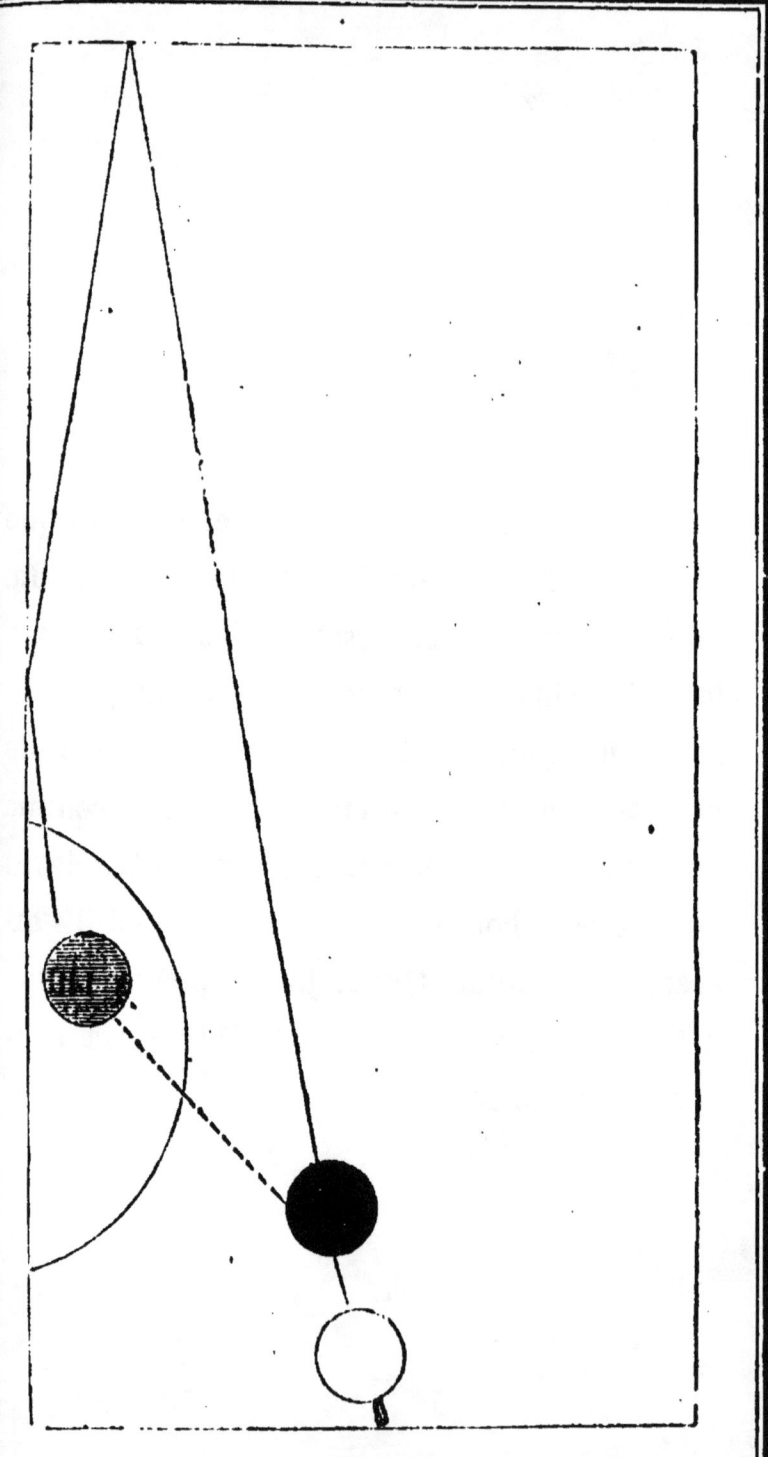

Fig. 25.

Fig. 26.

Si l'on jouait ce coup directement, on aurait un contre. Il faut donc prendre la bille n° 2 un peu à gauche, ce qui la pousse un peu à droite, et la fait passer derrière la bille n° 3. La bille du joueur doit être prise bien à droite et presque au centre afin d'obtenir un bon effet de côté qui vous fera glisser sur la bille n° 3. La queue doit doit être tenue horizontalement et le coup joué avec douceur, car la bille n° 1 courrait le risque de ne pas bien suivre ou serait assommée, ce qui est équivalent. L'élève devra placer les billes dans des positions analogues et travailler ce coup assez longtemps avant d'arriver à le bien jouer.

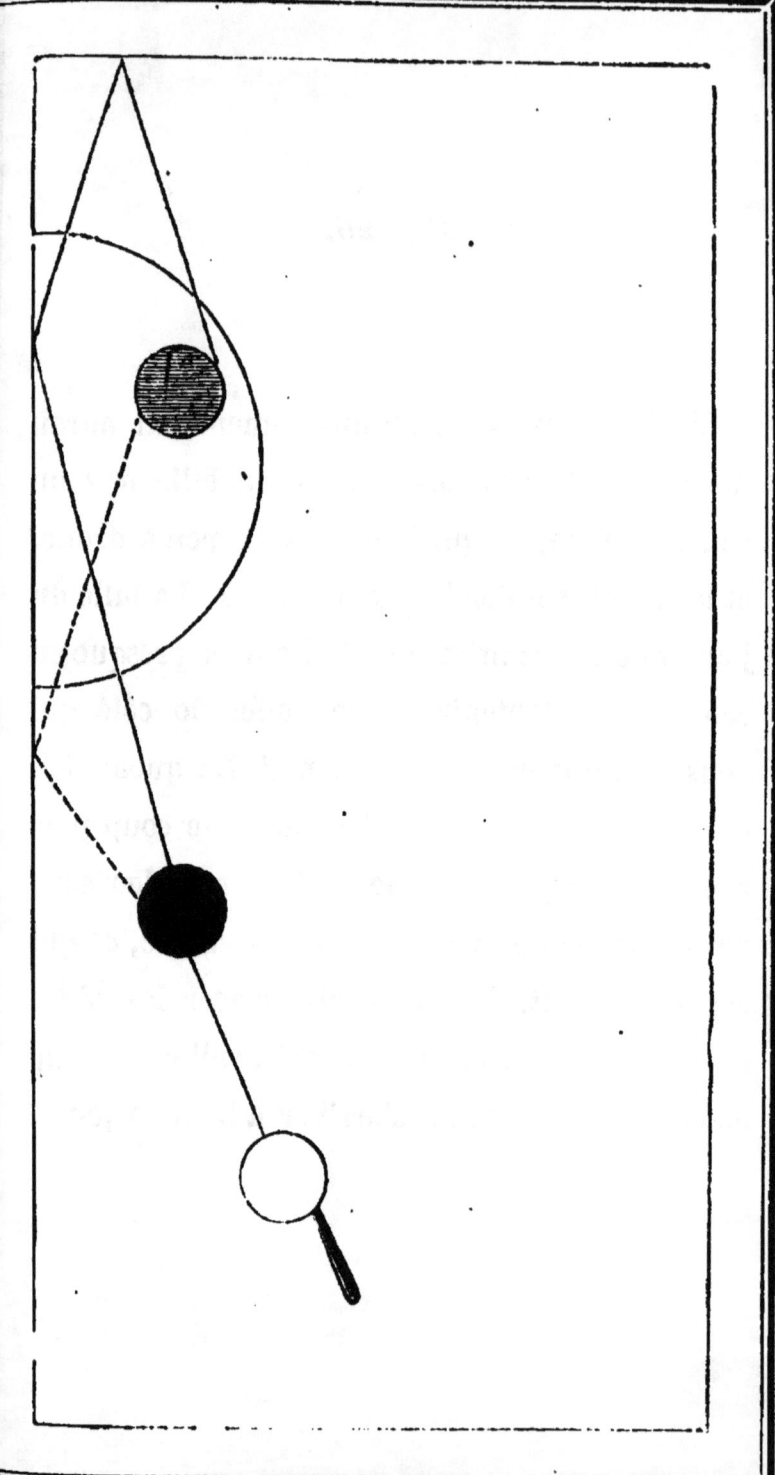

Fig. 20.

Fig. 27.

Il est difficile de faire ce coup par le fin. Prenez donc la bille n° 2, très-peu à droite, la bille du joueur au centre, sans effet de côté. Le coup doit être joué très-fort, car la bille n° 2 a quatre, quelquefois cinq bandes à toucher avant sa réunion aux deux autres billes.

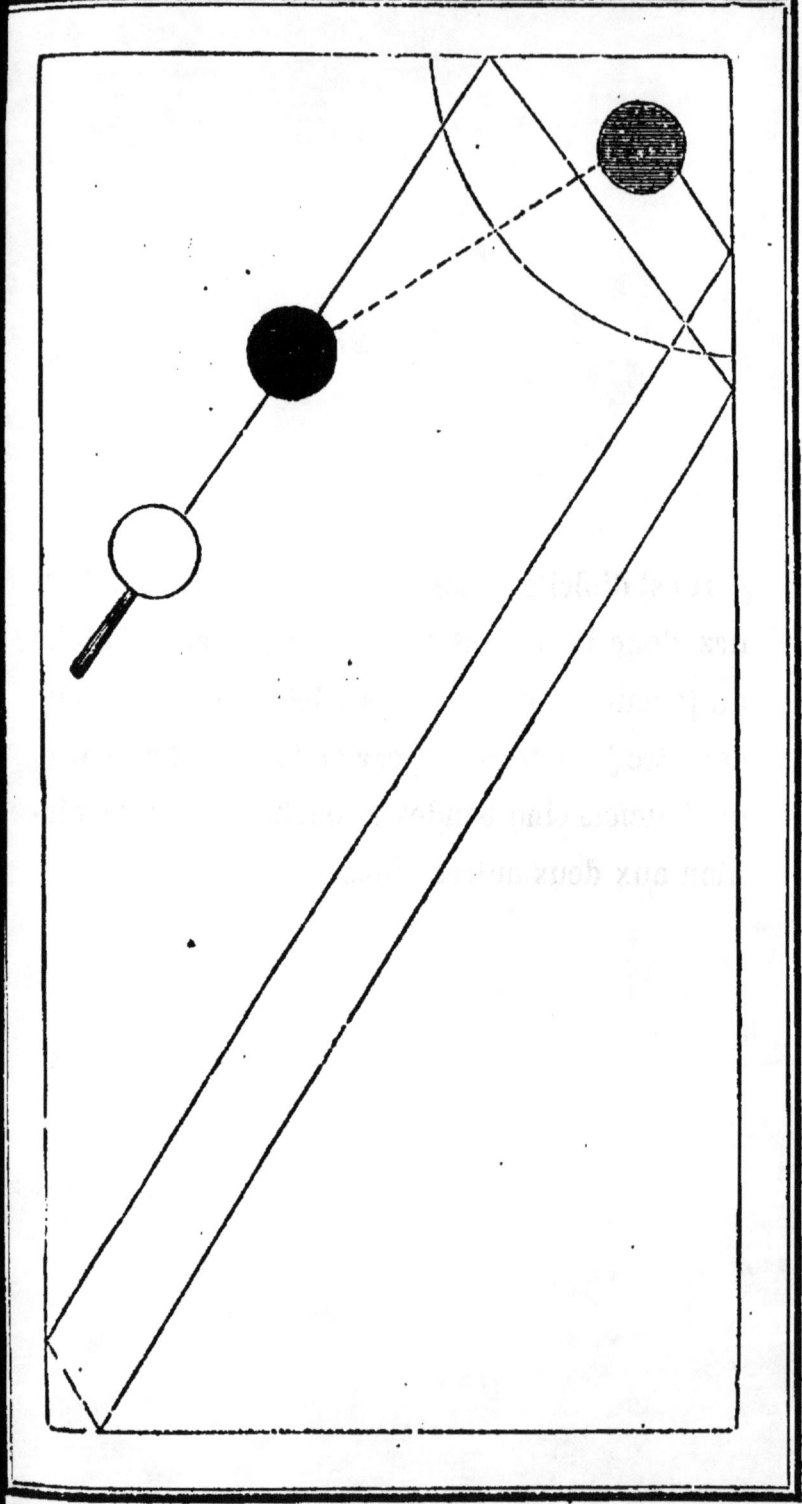

Fig. 27.

Fig. 28.

Coulé sur bande ou coup du serpent. La bille n° 2 étant presque collée, le joueur prendra sa bille bien en tête et au milieu, la bille n° 2 dans son plein, le coup joué énergiquement. Si votre bille ne suit pas le parcours indiqué, c'est qu'elle n'a pas été prise assez haut, ce qui, naturellement, contrarie sa marche et l'empêche d'arriver au but proposé. La bille n° 2 serait tout à fait collée que le coup n'en serait que plus certain.

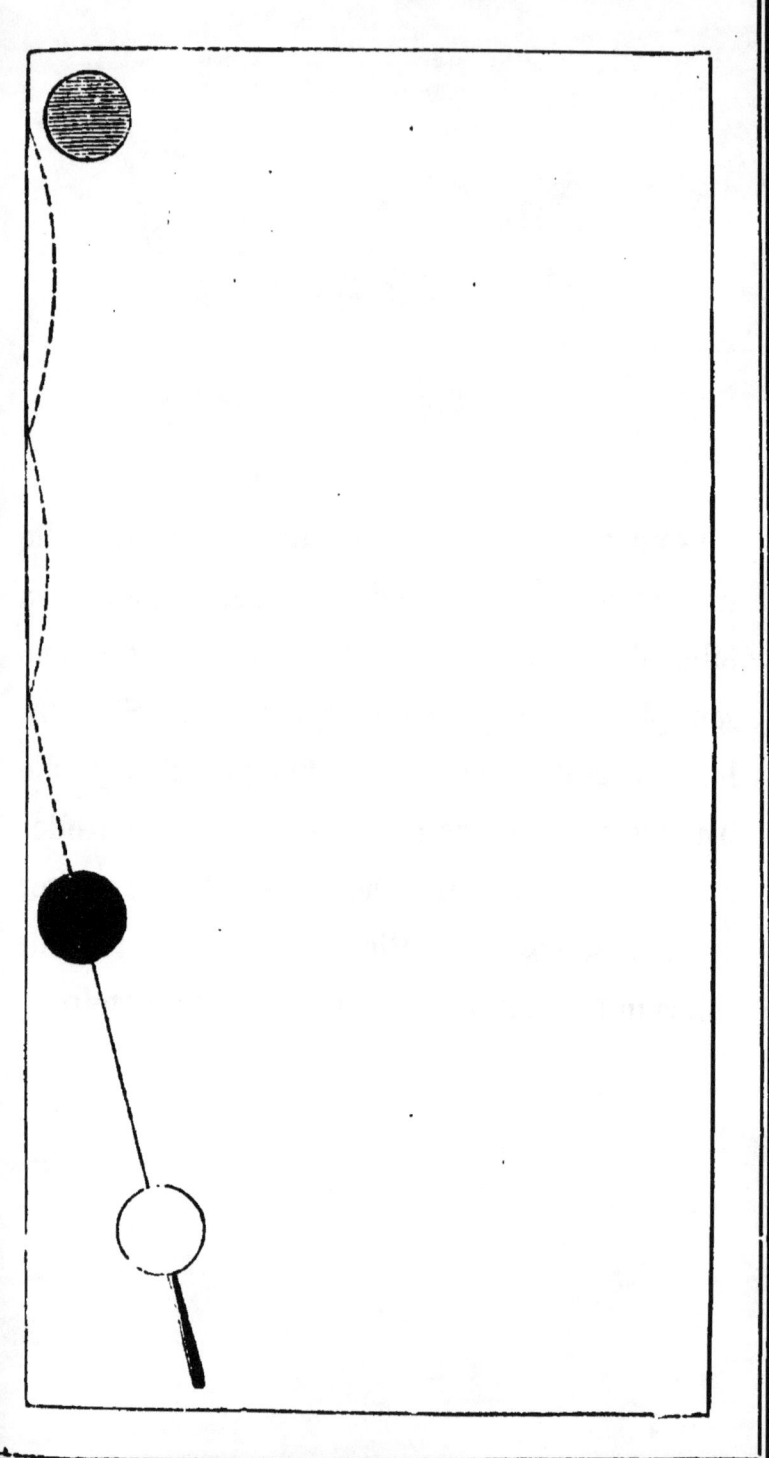

Fig. 28.

Fig. 29.

Même coup que le précédent, mais placé différemment et réunissant les billes.

Prenez la bille n° 2 dans son axe, la vôtre en tête; jouez assez fort pour faire faire le tour du billard à la bille n° 2, qui viendra joindre les deux autres billes dans l'angle du billard. Les forts joueurs, dans ce cas, prennent leur bille au centre comme hauteur, afin d'arriver doucement sur la bille n° 3, qu'on doit laisser, autant que possible, dans le coin, puisqu'on cherche à y ramener la bille n° 2.

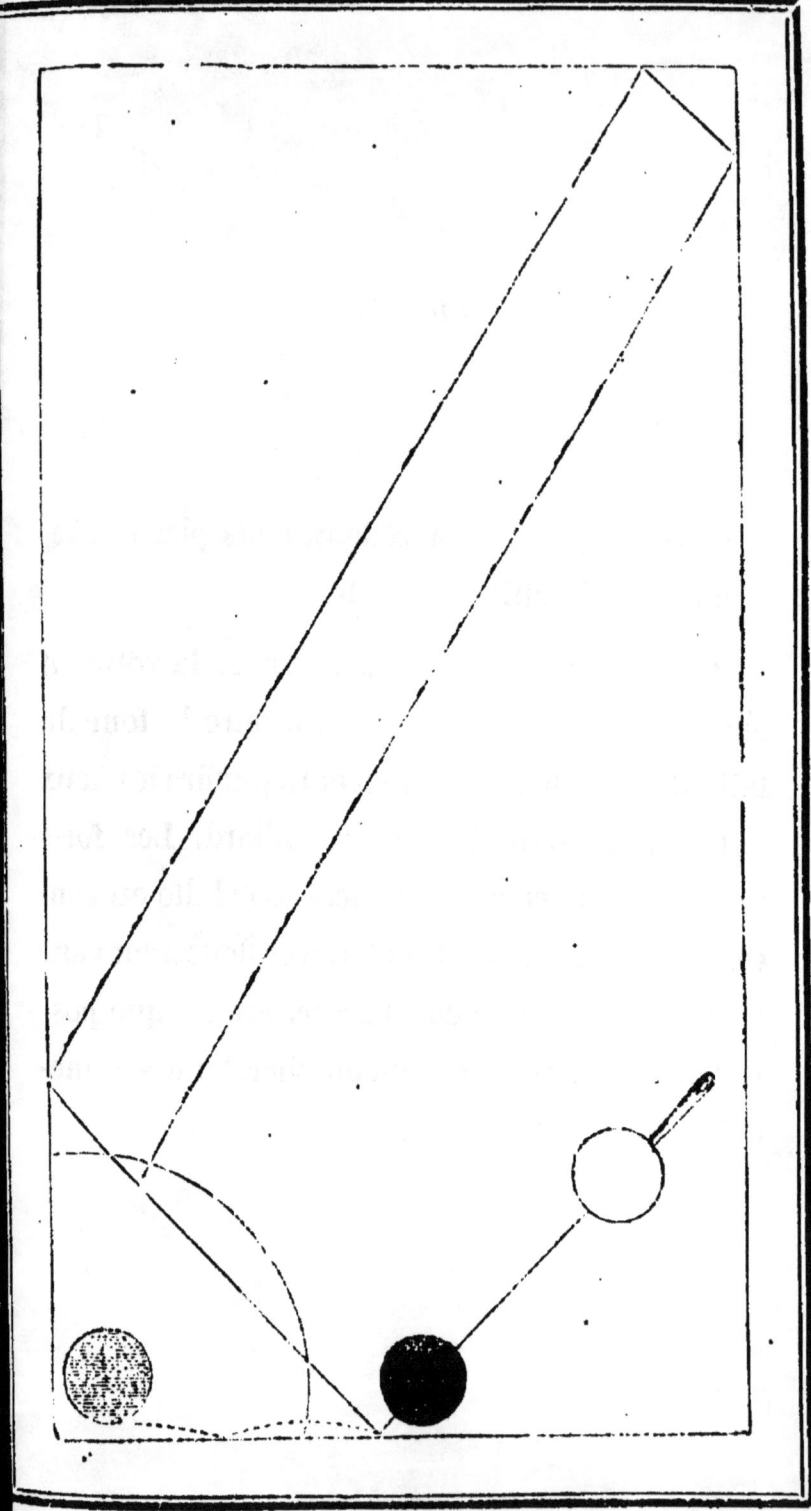

Fig. 29.

Fig. 30.

S'il y a des coulés et d'autres coups qui doivent être joués doucement, il y en a qui demandent à être joués assez fort : celui-ci est du nombre. D'ailleurs, chaque fois qu'on ne peut pas frapper une bille assez doucement pour qu'elle reste ou revienne avec les deux autres billes directement ou par une seule bande, il va de soi qu'il faut jouer plus ou moins fort, selon que la bille n° 2 a deux, trois ou quatre bandes à toucher. C'est ce qui arrive dans l'exemple ci-contre : la bille n° 2 doit être attaquée assez vigoureusement pour qu'elle vienne frapper les deux ou trois bandes indiquées, avant sa réunion aux deux autres billes.

Fig. 30.

Fig. 31.

Même coup que celui dessiné à la page précédente.

La bille n° 2 ayant un trajet double environ à parcourir, il est clair que le coup doit être joué le double plus fort. Mais, pour réussir, il faut non seulement attaquer sa bille comme l'indique le dessin, mais c'est surtout la bille n° 2 qui doit être prise très-exactement, c'est-à-dire très-peu à gauche. L'élève fera bien de modifier la position des billes n°s 1 et 2, de les rapprocher ou de les éloigner, et de travailler ces coups placés différemment.

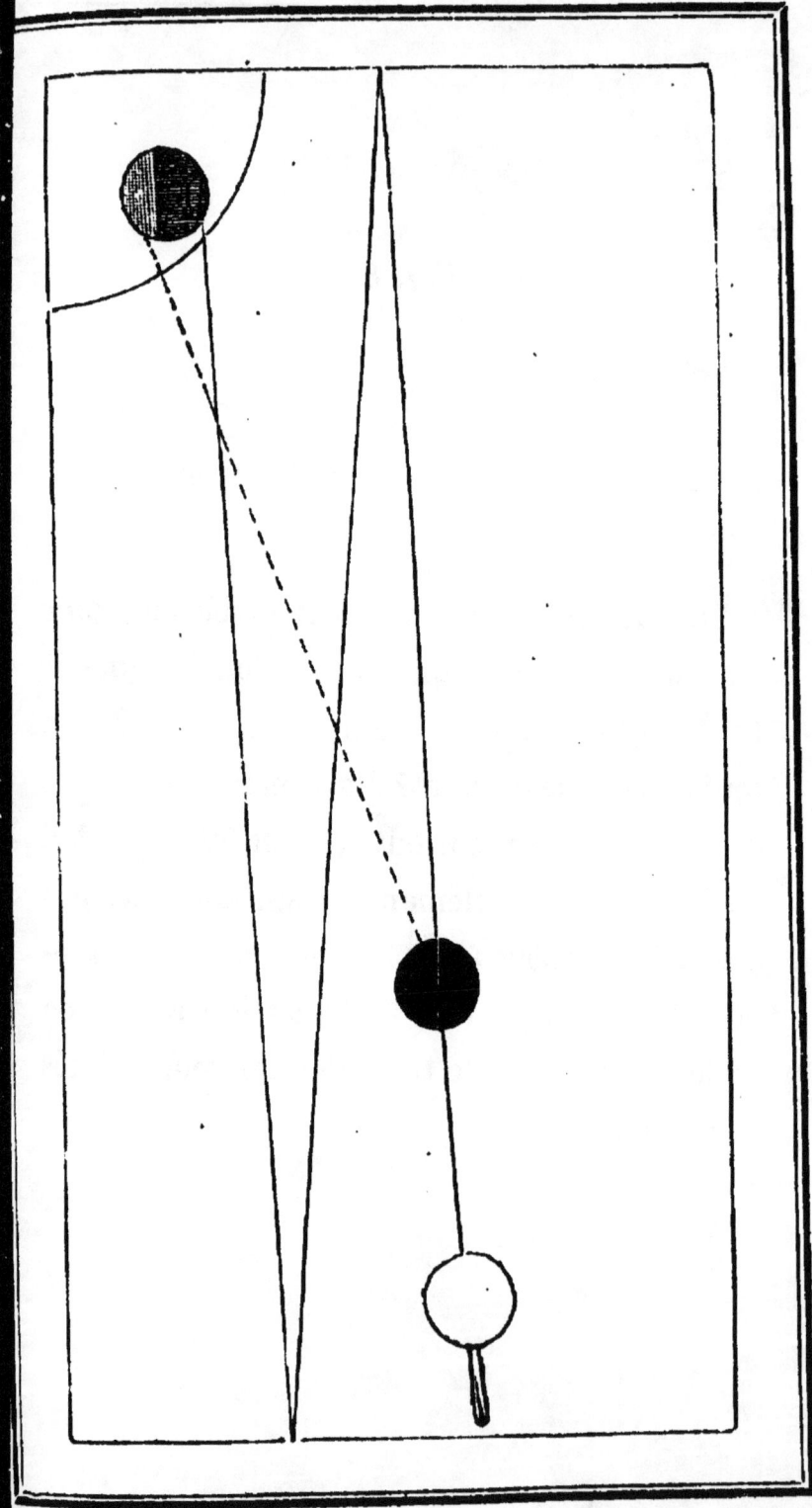

Fig. 31.

Fig. 32.

Les billes n°s 1 et 2 se touchant, pour ainsi dire, le queutage ne peut être évité qu'avec un fort coup de queue et un effet à droite bien fait. Le joueur doit prendre sa bille bien à droite, un peu au-dessus du centre, la bille n° 2 un peu à gauche. La main qui est sur le tapis doit être assez éloignée de la bille, de façon à pouvoir bien lancer la queue.

DU JEU DE BILLARD. 91

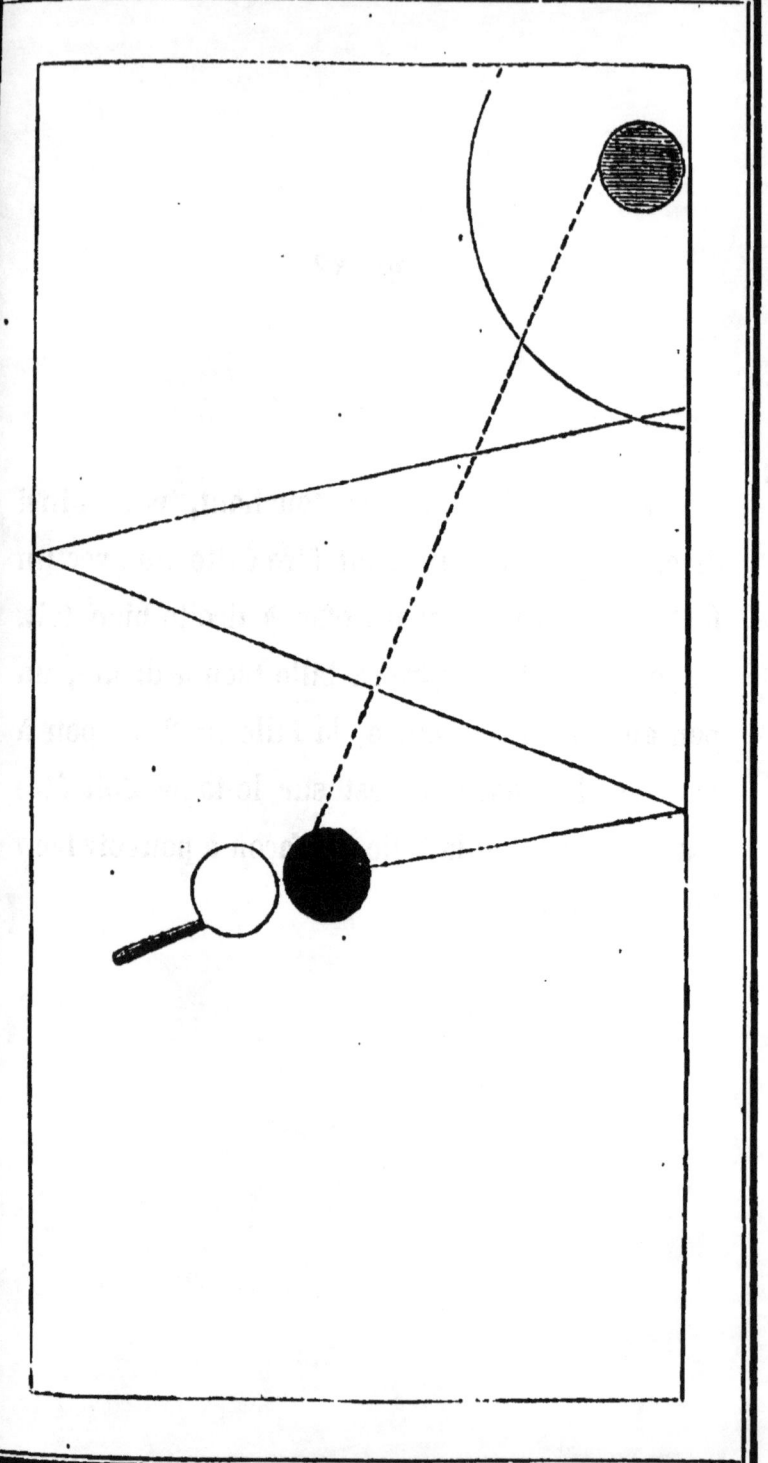

Fig. 32.

Fig. 33.

La plupart des joueurs ne prennent jamais assez plein la bille n° 2, ce qui la fait rester dans le haut du billard. Pour l'entraîner dans le coin, l'élève doit prendre la bille n° 2 au moins au tiers, quitte à faire un peu d'effet contraire sur sa bille, ce qui la fera revenir directement sur la bille n° 3. La bille n° 2 devra suivre le parcours tracé, sinon elle ne reviendrait pas bien dans l'angle du billard.

DU JEU DE BILLARD 93

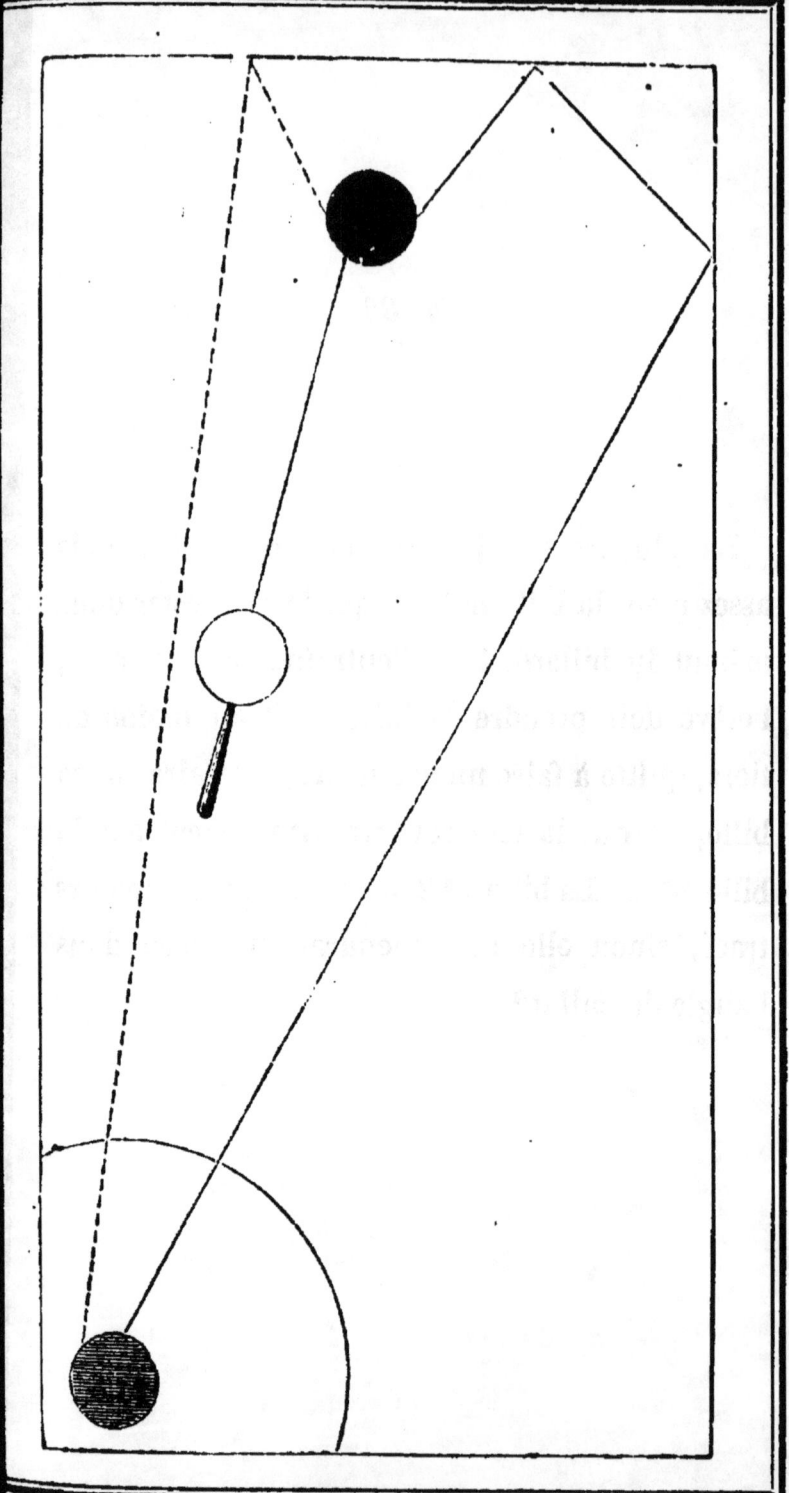

Fig. 33.

Fig. 34.

Un coup difficile à bien jouer, la bille n° 2 étant collée à un centimètre près. L'élève doit prendre sa bille un peu à droite, afin de pouvoir prendre plus plein la bille n° 2 et l'entraîner dans l'angle; mais il doit aussi prendre sa bille au-dessous du centre, sinon sa bille ne partirait pas franchement de la bande. En principe, chaque fois qu'on a à jouer assez fort sur une bille collée, il faut prendre sa bille au-dessous du centre pour qu'elle se détache bien de la bande.

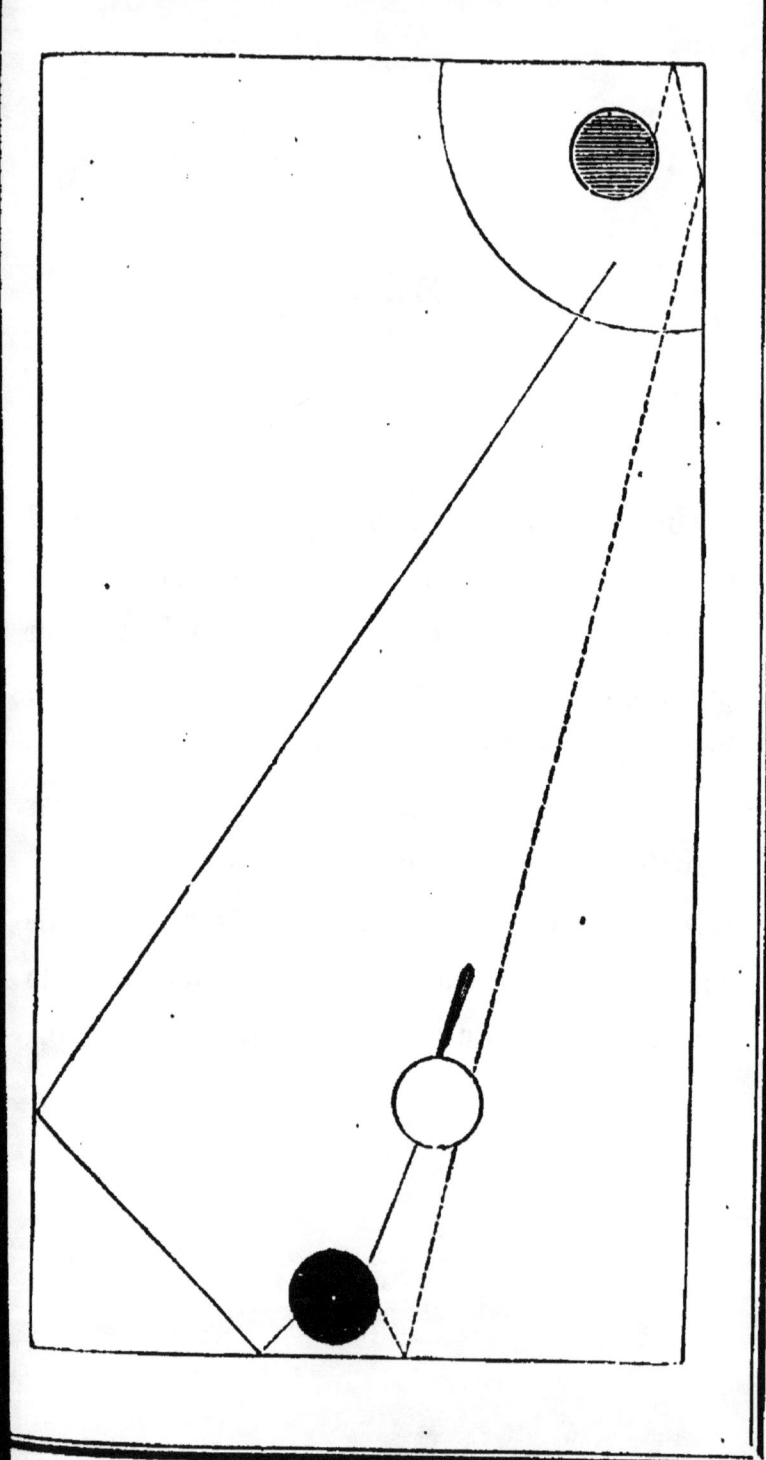

Fig. 34.

Fig. 35.

Ce coup, très-simple assurément, est un de ceux que les amateurs jouent le moins bien. L'élève, dix-neuf fois sur vingt, fait beaucoup d'effet de côté et prend fin, tandis qu'il faut prendre presque plein et faire peu d'effet. Jouez le coup exactement comme l'indique le dessin, et la bille n° 2 viendra se réunir aux deux autres dans le cercle.

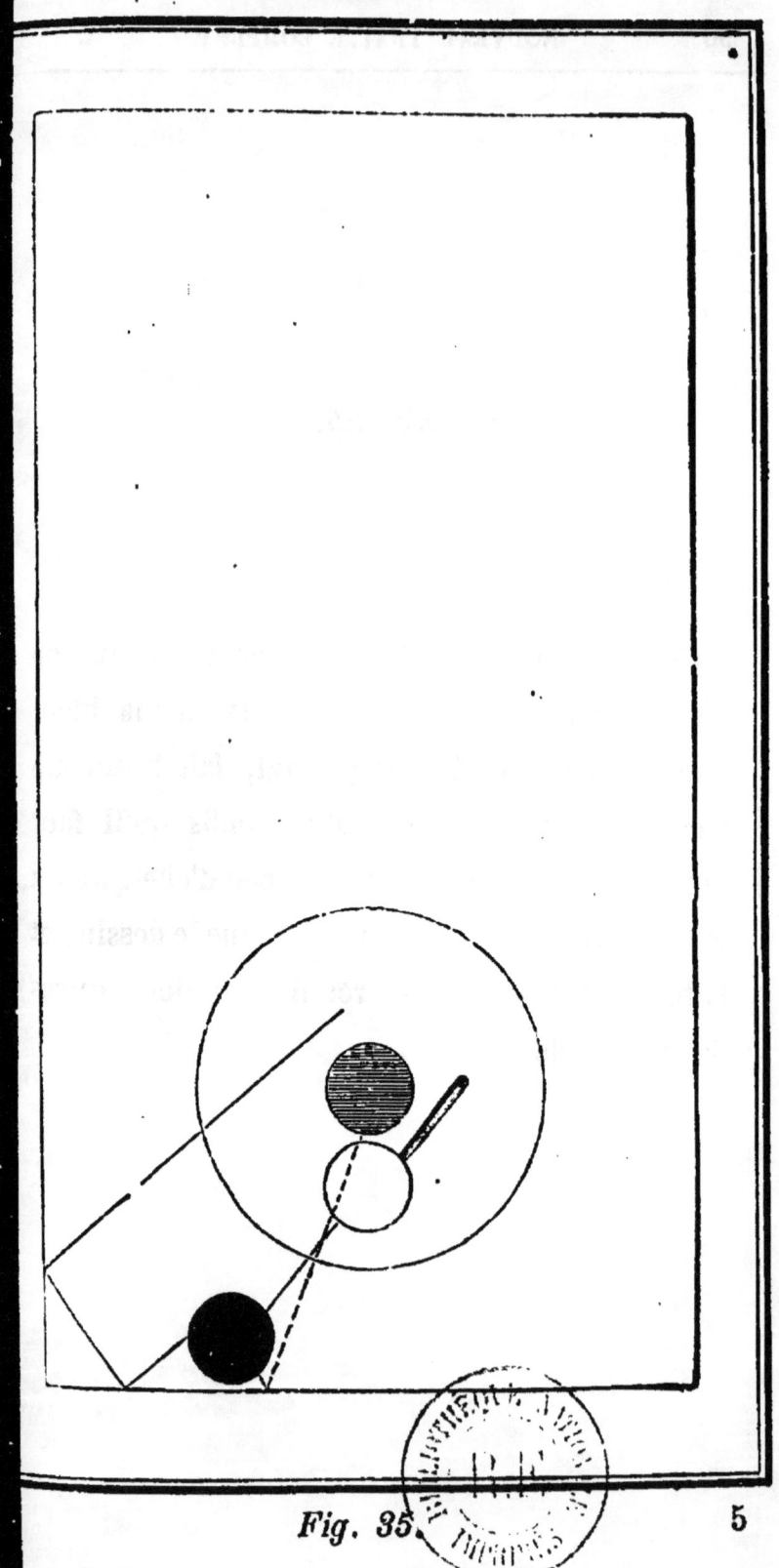

Fig. 35.

Fig. 36.

Dans le coup figuré ci-contre, la plupart des joueurs ne prennent jamais assez plein la bille n° 2, de sorte qu'elle n'est pas entraînée dans le coin. Prenez donc votre bille en tête, et un peu à droite, la rouge au moins au tiers, et donnez assez de vigueur pour que les billes n°ˢ 1 et 2 reviennent dans l'angle du billard. La queue doit être tenue horizontalement, ce qui ne change pas l'angle, quand vous avez pris votre bille aux 4/5, aux 3/4, et même aux 2/3 en dessus.

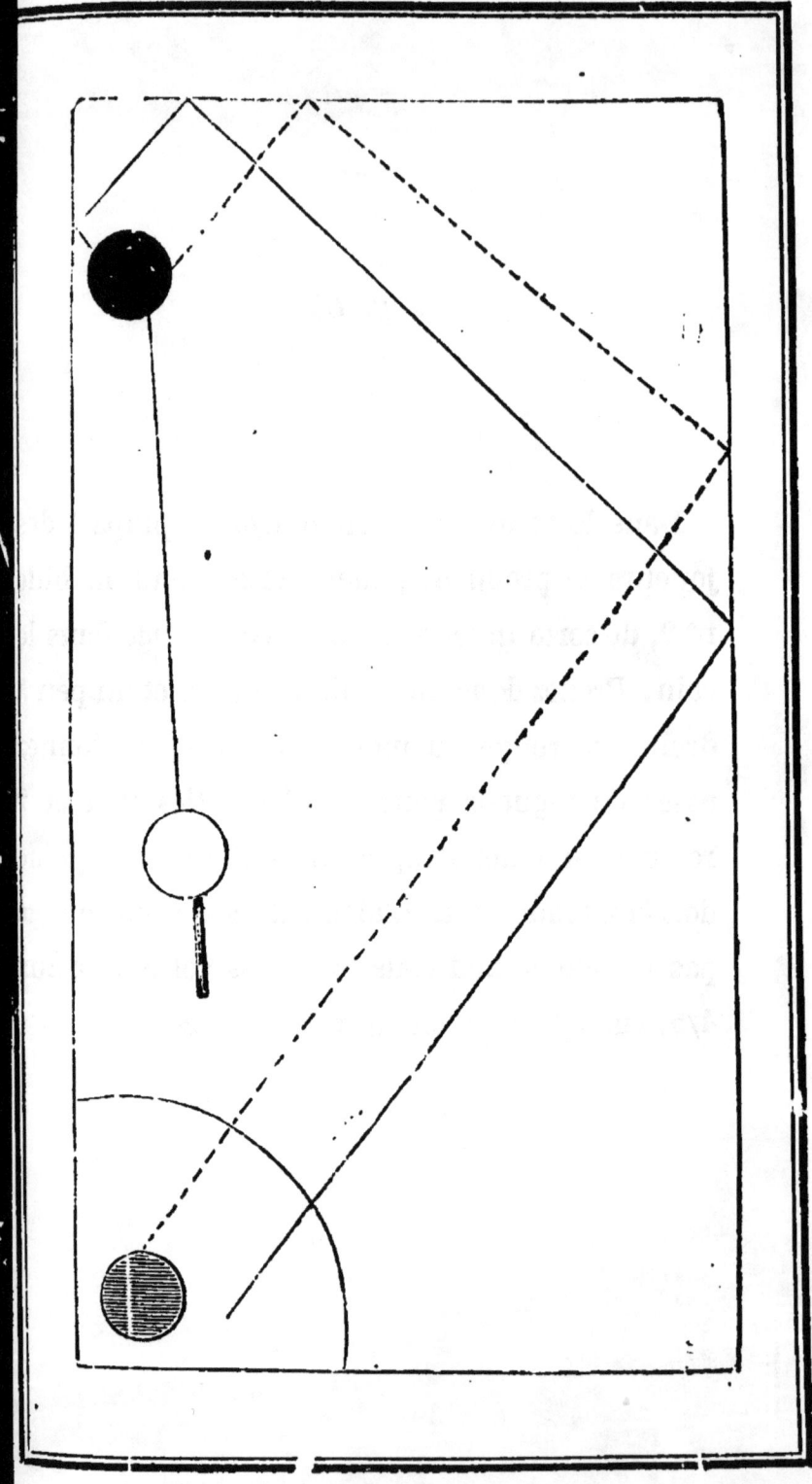

Fig. 36.

Fig. 37.

Même coup que celui qui précède.

Les amateurs, ayant la mauvaise habitude de prendre fin la bille n° 2 et de faire de l'effet sur leur propre bille, n'entraînent pas la bille n° 2. Mais, si je recommande d'augmenter la quantité de bille, il est évident qu'il faut diminuer l'effet de côté, afin de ne pas aller toucher la petite bande dans le milieu du billard.

DU JEU DE BILLARD 101

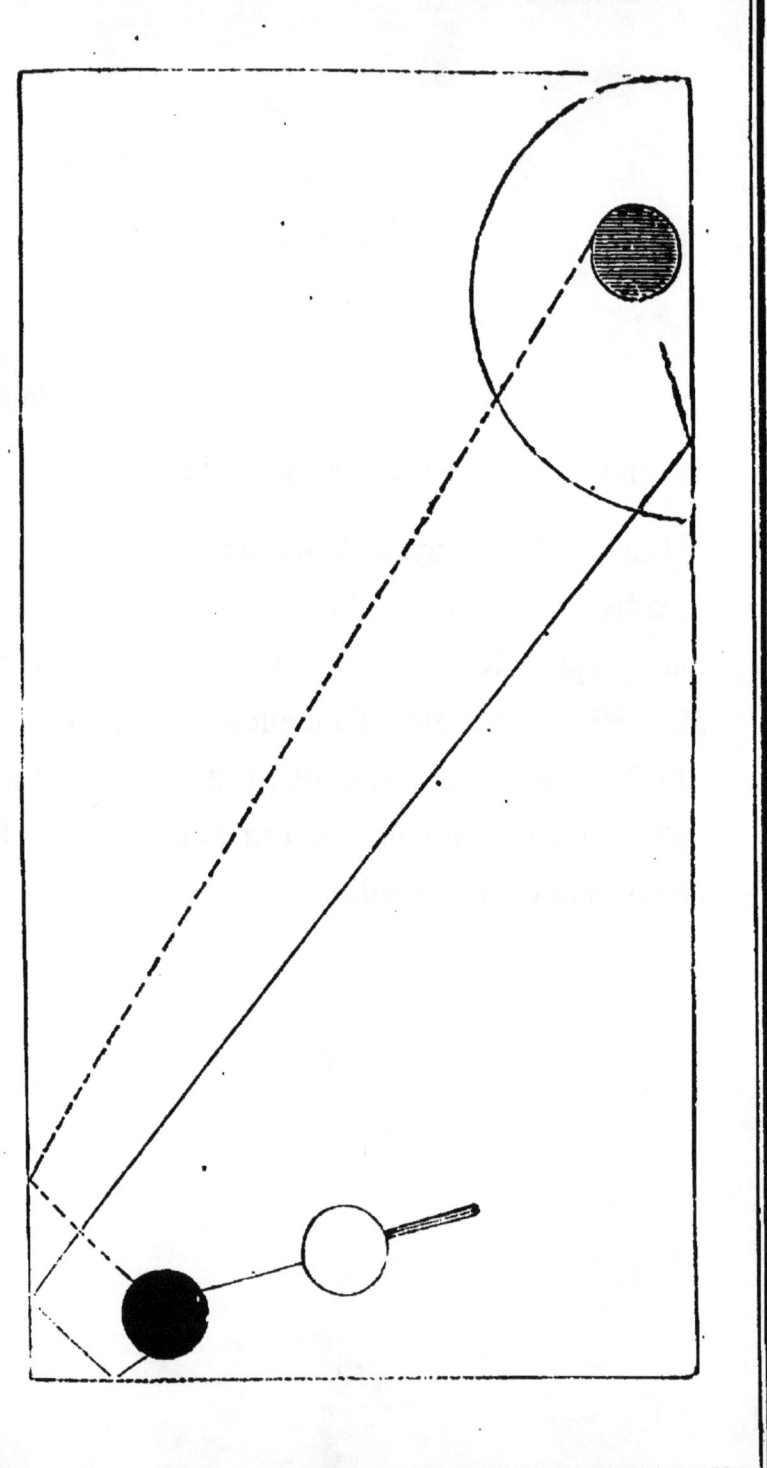

Fig. 37.

Fig. 38.

Coup facile et réunissant bien les billes, mais, pour réussir, il faut prendre la bille n° 2 presque plein ; la bille n° 1 doit être attaquée un peu à droite et au-dessous du centre, le coup de queue donné assez fort pour ramener la bille n° 2 dans le demi-cercle.

DU JEU DE BILLARD 103

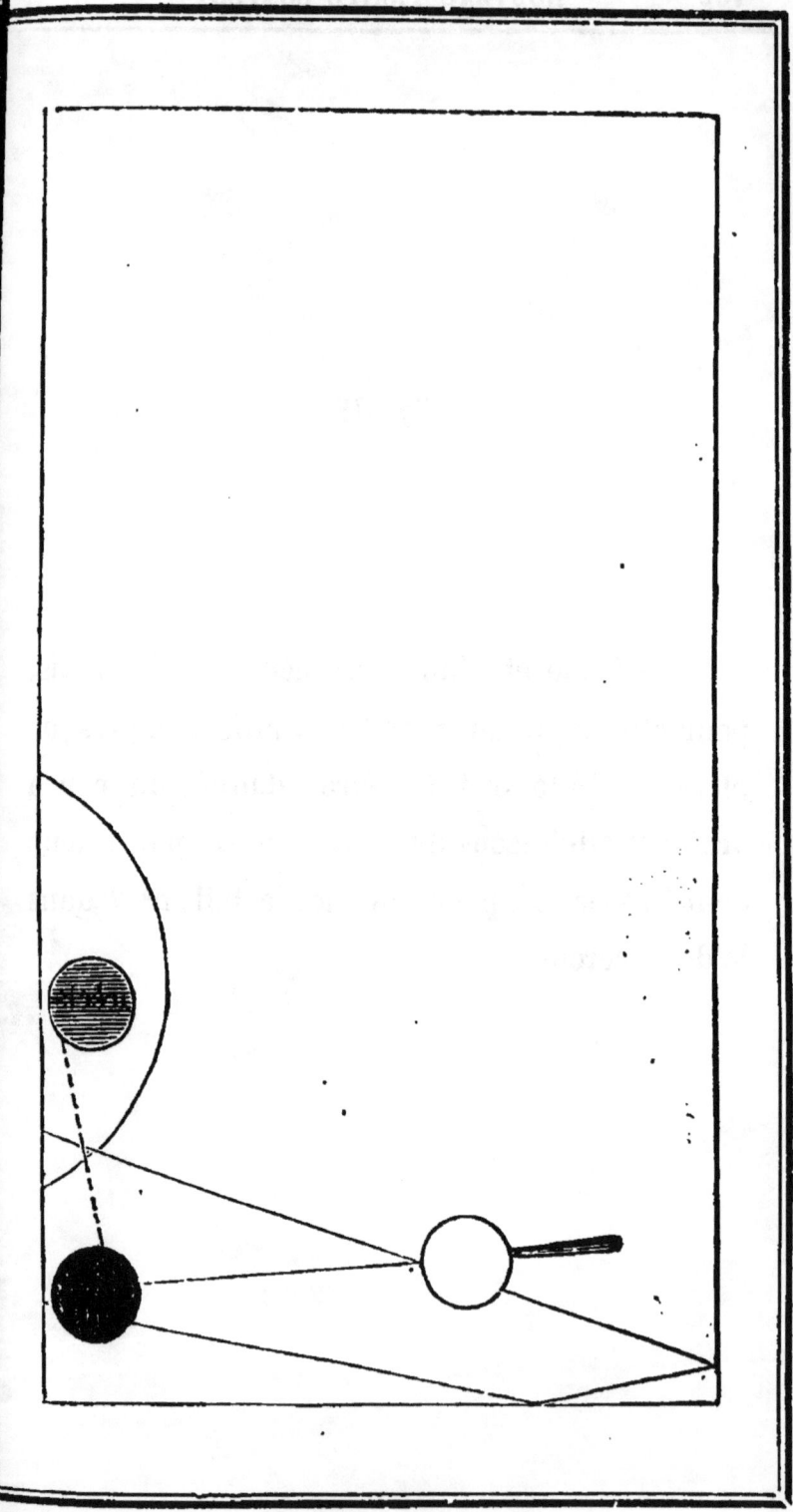

Fig. 38.

Fig. 39.

Ici, les billes étant plus éloignées que dans le coup précédent, il est plus difficile de le réussir, en raison même de cet éloignement. Puis, comme le billard est à peu près deux fois aussi long que large, il est évident qu'il faut donner un coup deux fois plus fort, ce qui ne laisse pas que d'augmenter la difficulté, car il ne faut pas perdre de vue que plus les billes sont éloignées, et plus il faut jouer fort, moins l'attaque est précise.

DU JEU DE BILLARD 105

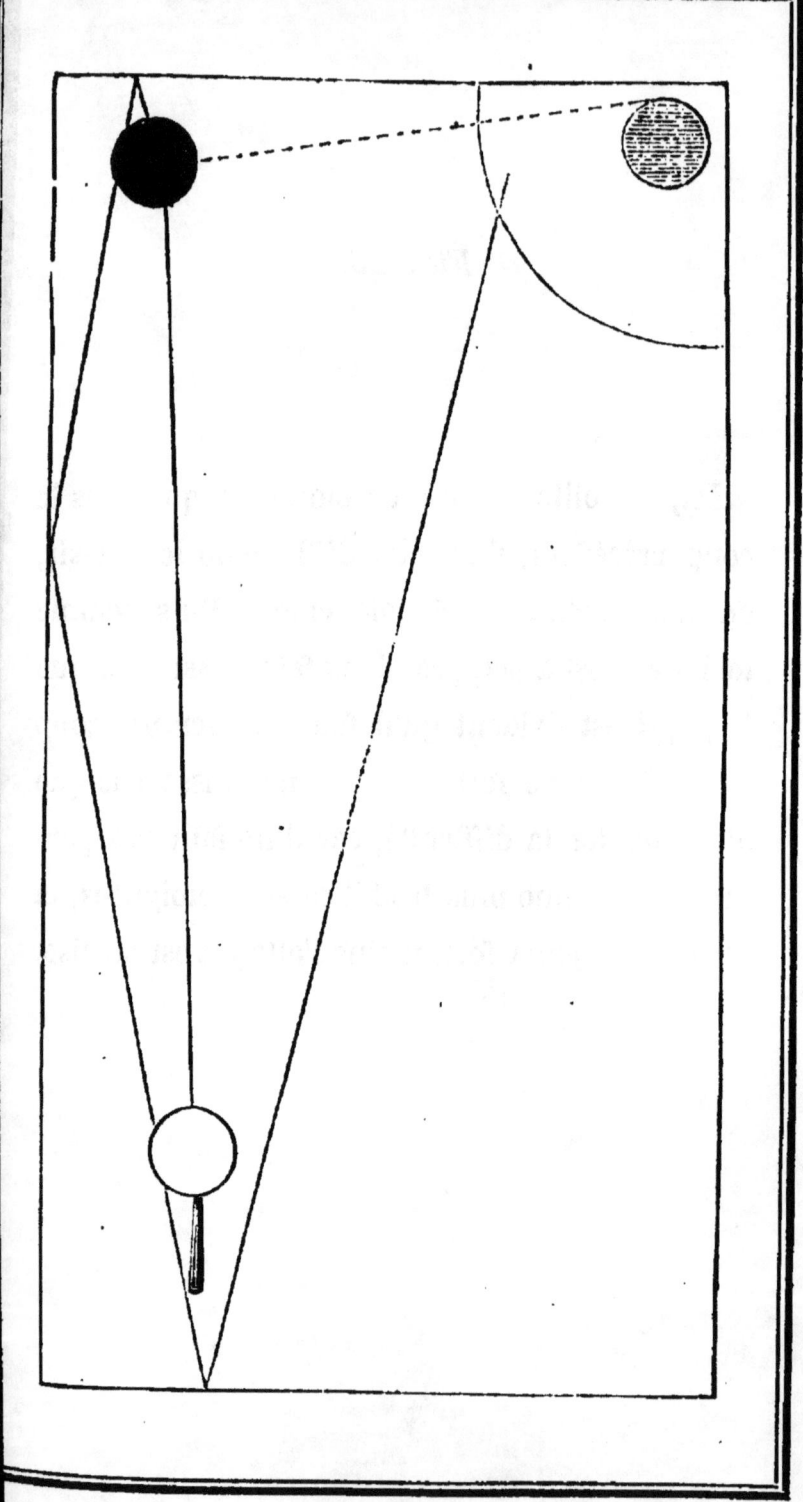

Fig. 39.

Fig. 40.

Le coup qui nous occupe doit être joué avec une certaine vigueur; la bille n° 2 frappée presque plein, la bille du joueur aux trois quarts en dessous, et un peu à gauche. Le plus souvent, la bille n° 2, prise au tiers seulement, va presque au coin et ne revient pas dans le cercle où doivent se rassembler les billes.

DU JEU DE BILLARD 107

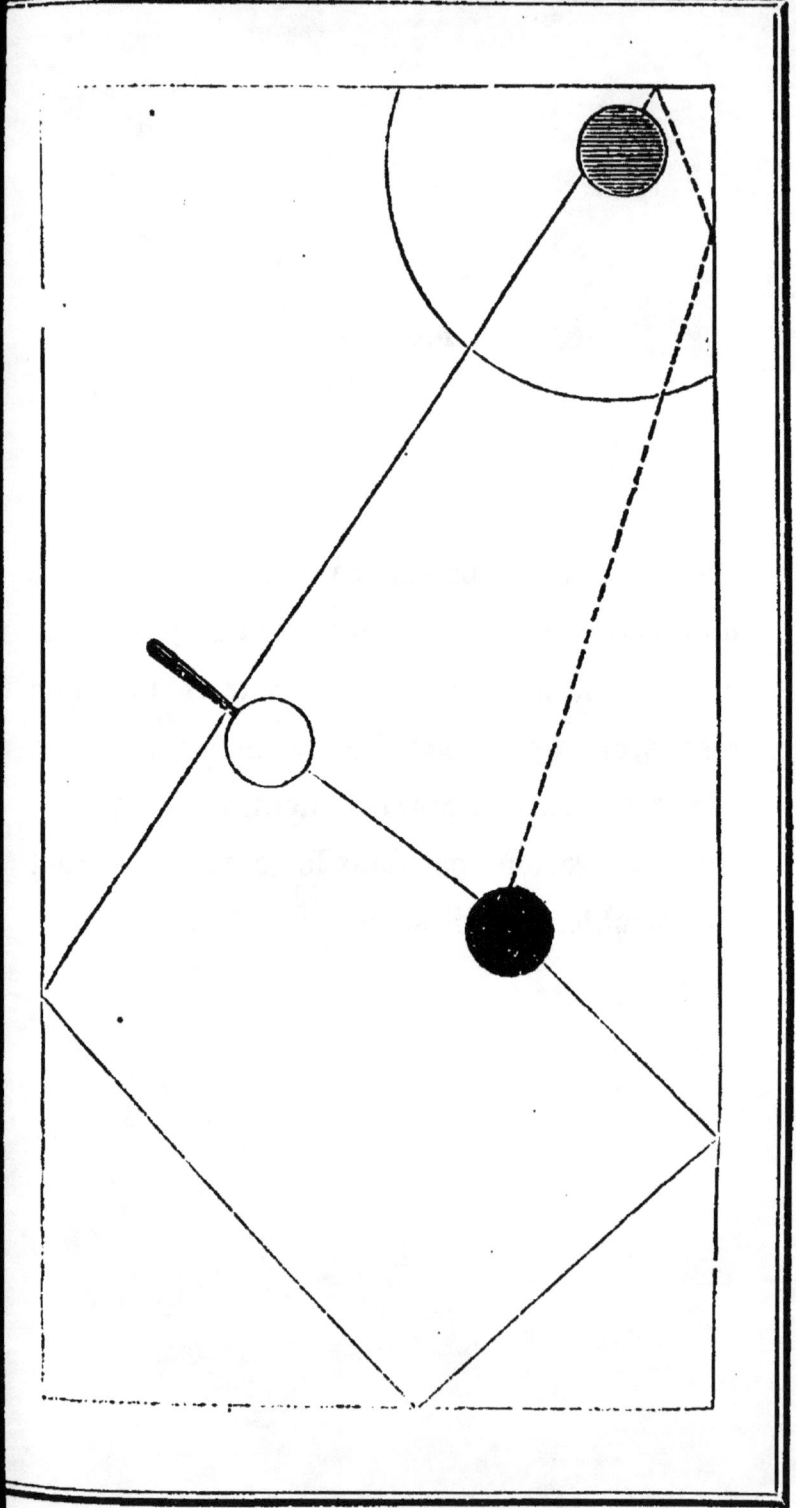

Fig. 40.

Fig. 41.

Encore un coup sur lequel on ne prend jamais la bille n° 2 assez plein. Que l'élève place bien les billes comme l'indique le dessin et qu'il étudie le coup jusqu'à ce que la rouge revienne bien dans l'angle. Comme j'aurai l'occasion de le redire, quand on joue fort, il n'y a qu'un moyen d'arriver doucement sur la bille n° 3, c'est de prendre la bille n° 2 presque plein et la sienne un peu bas.

Fig. 41.

Fig. 42.

Ici, il est très-difficile d'éviter le contre et de prendre la bille n° 2 assez plein pour lui faire faire le parcours indiqué. Le joueur devra prendre la bille n° 2 presque au centre, la sienne au milieu et un peu à gauche, le coup joué avec assez de force pour que la bille n° 2 revienne dans l'angle du billard.

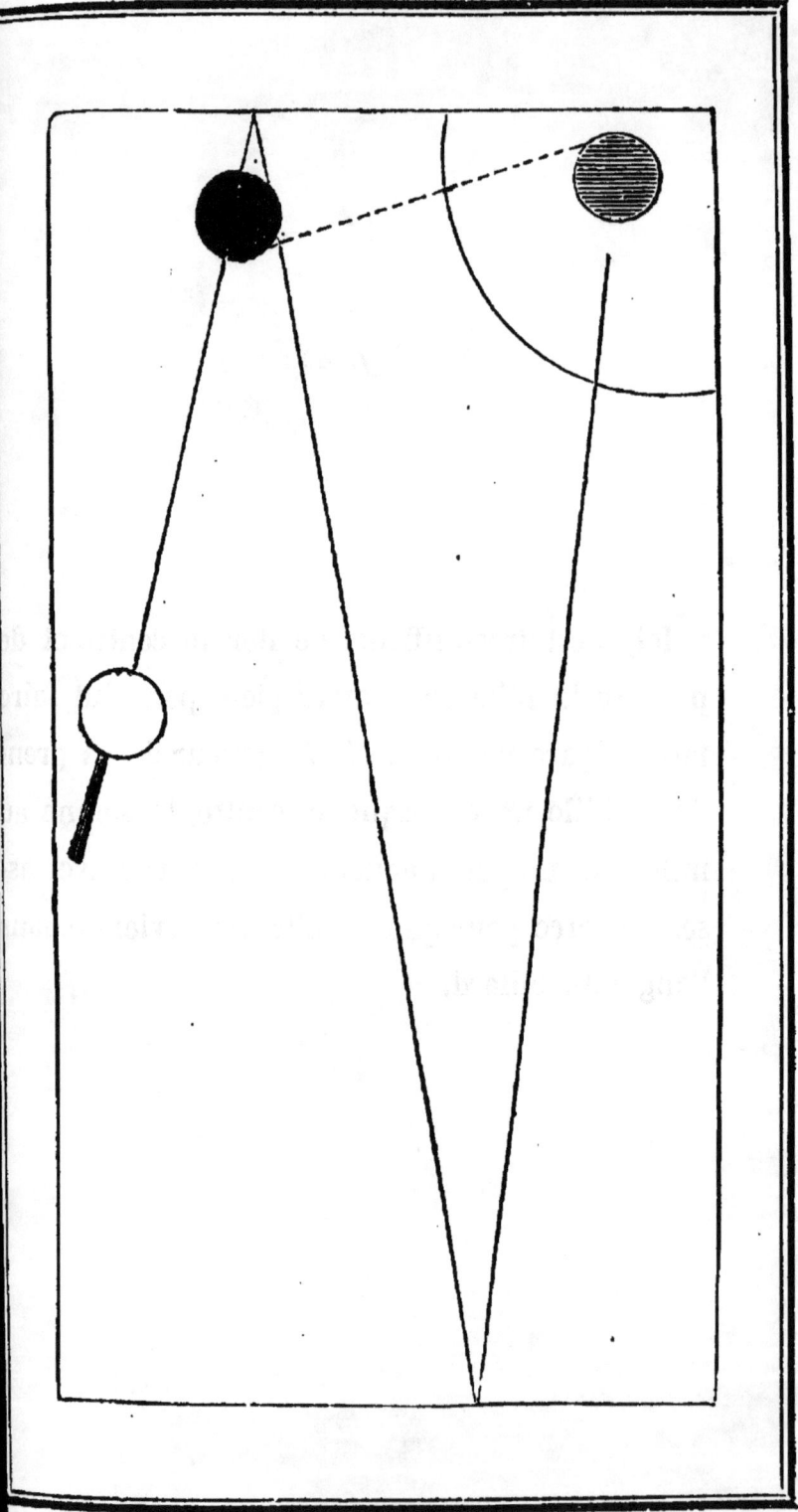

Fig. 42.

Fig. 43.

Les coulés sur bande sont toujours des coups incertains, car il faut une précision très-grande dans l'attaque de la bille n° 2, laquelle doit être prise bien plein. La bille n° 1 doit être attaquée un peu à droite et en tête, et il faut jouer vigoureusement pour faire toucher à la bille n° 2 trois ou quatre bandes avant sa réunion aux autres billes.

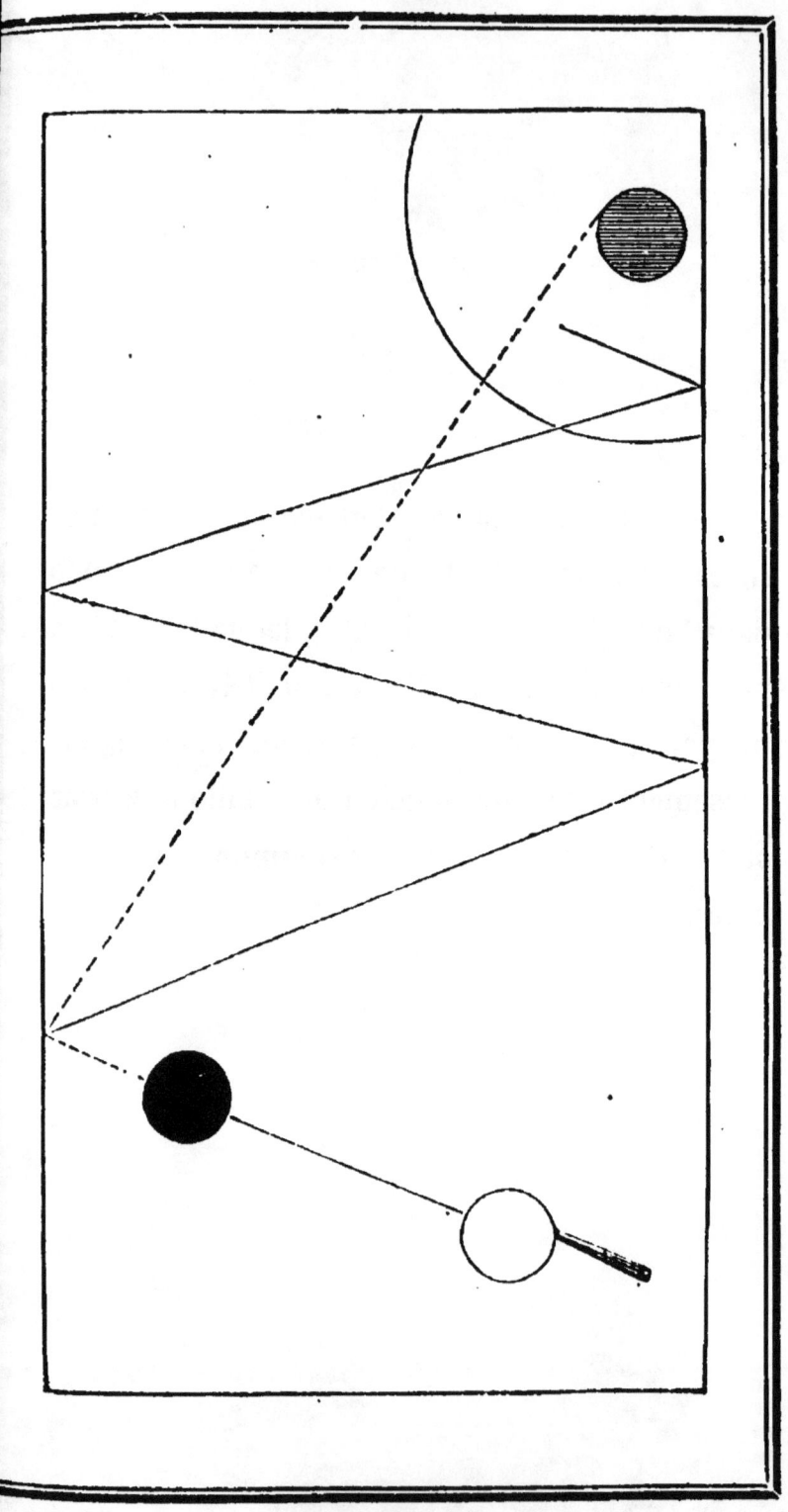

Fig. 43.

Fig. 44.

Prenez votre bille au centre et à droite, la bille n° 2 également à droite, et au tiers. Le coup joué avec une certaine énergie fera toucher quelquefois quatre bandes à la bille n° 2, avant de se rassembler aux autres dans le demi-cercle placé au coin du billard.

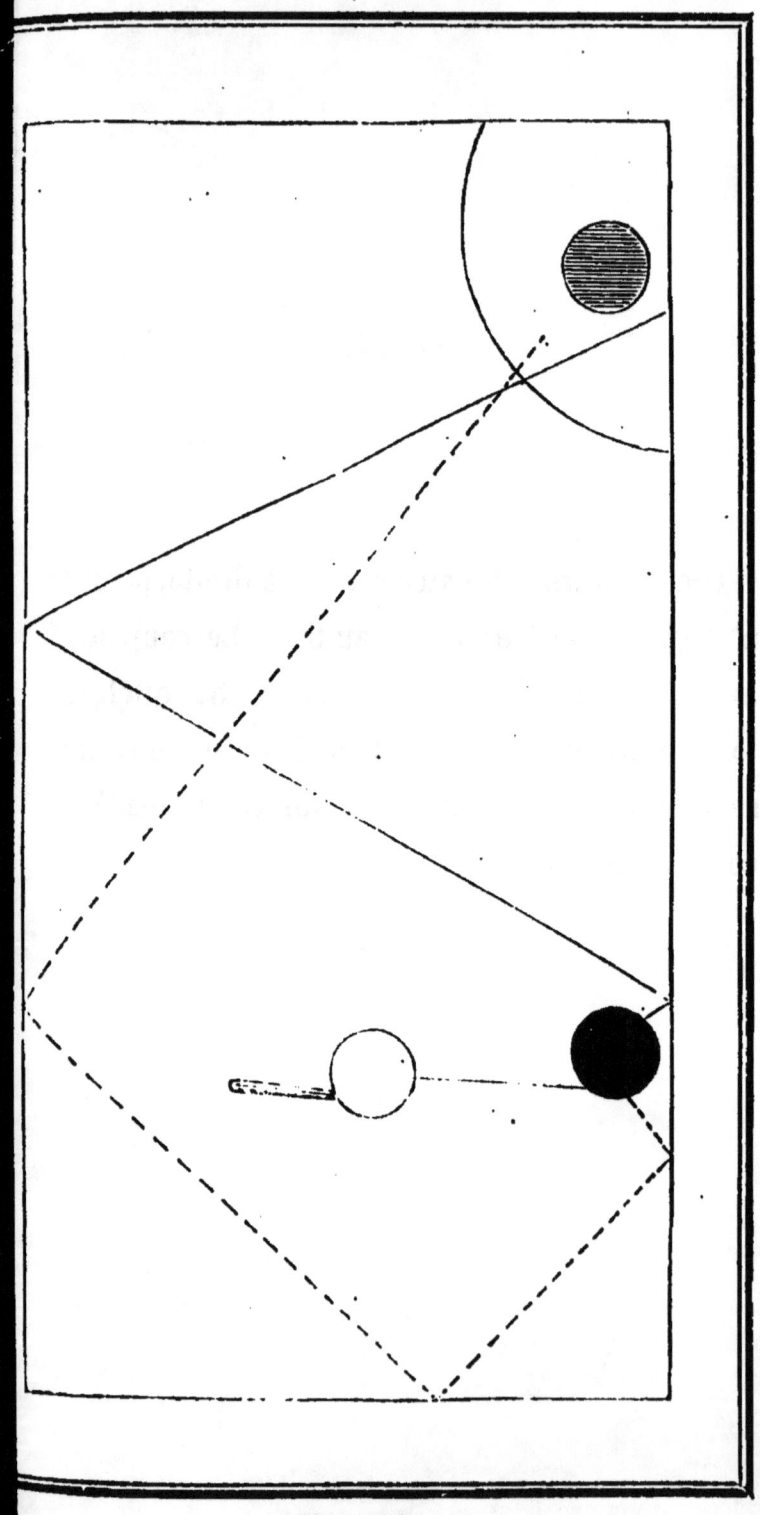

Fig. 44.

Fig. 45.

Quatre-bandes, sur lequel on doit chercher à ramener la bille n° 2. La bille du joueur doit être prise bien en tête et à gauche, la bille n° 2 au tiers, à droite. Le contre, qui se produit souvent, provient surtout de ce que la bille n° 1 n'a pas été prise assez haut, ce qui nécessairement retarde sa marche.

DU JEU DE BILLARD 117

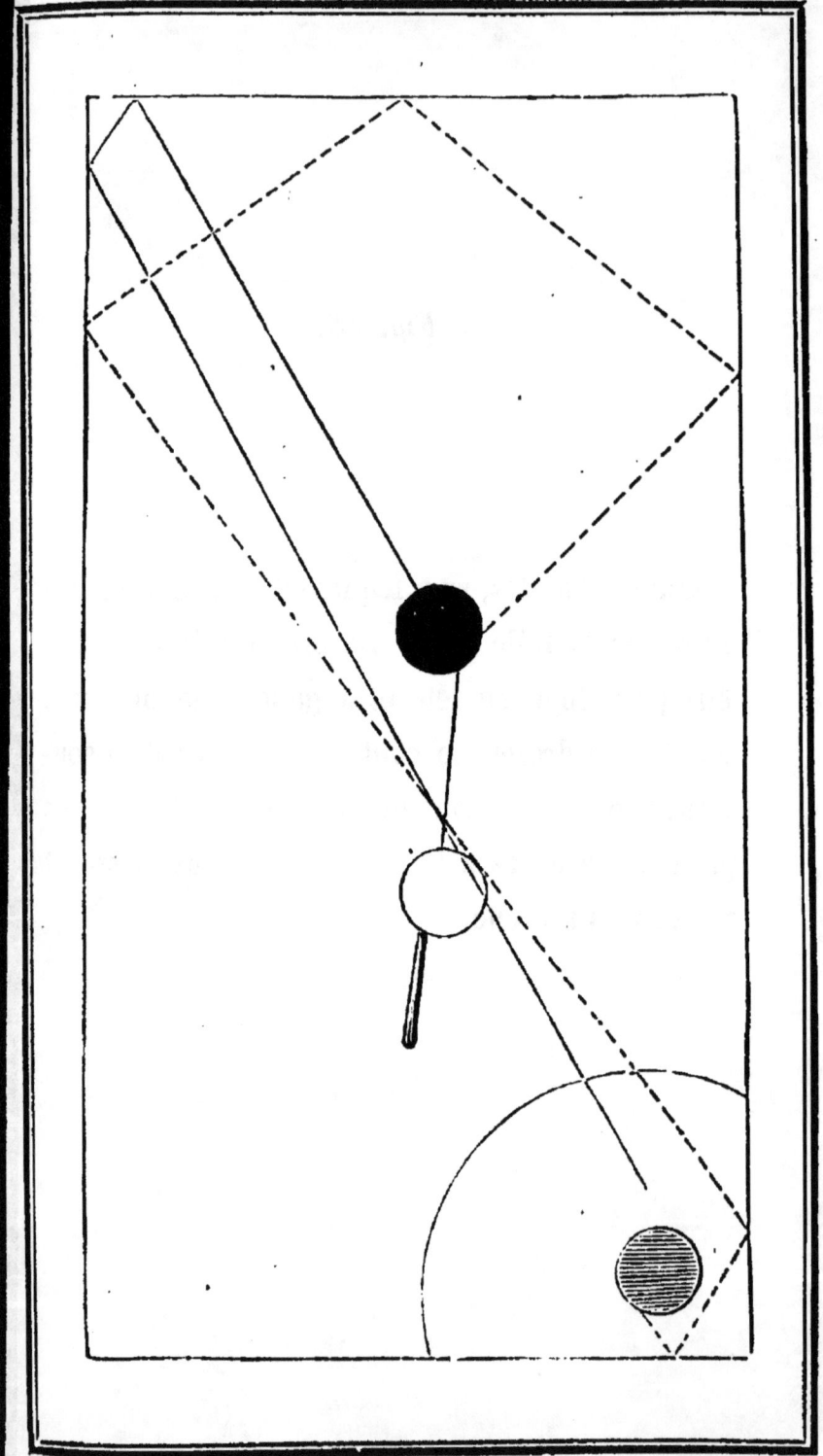

Fig. 45.

Fig. 46.

Les amateurs faibles prennent toujours la bille n° 2 trop fin et jouent trop fort. Voyez, au contraire, les forts joueurs : ils jouent doucement, et prennent la bille n° 2 presque plein, pour l'emmener et surtout la laisser dans le demi-cercle.

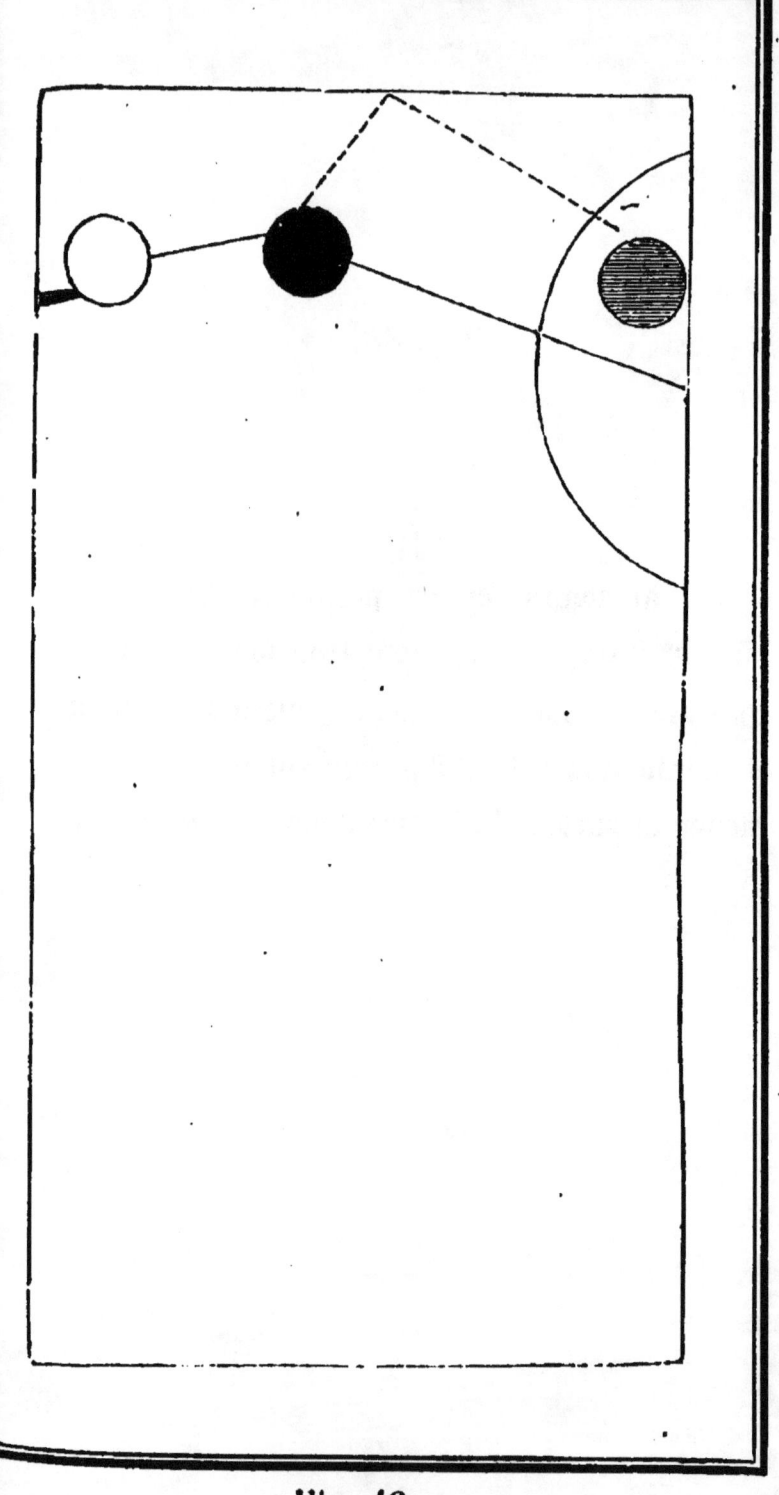

Fig. 46.

Fig 47.

Prenez votre bille au centre et très à gauche : vous donnerez à votre bille un mouvement de rotation bien prononcé ; la bille n° 2, prise assez plein, se dirigera dans le coin ; quant à la bille du joueur, elle ira caramboler après avoir touché une ou deux bandes. La non-réussite de ce coup proviendrait de ce que l'effet à gauche aurait été insuffisant, ou la bille n° 2 prise trop plein, ou bien encore la bille n° 1 attaquée trop fort et trop bas.

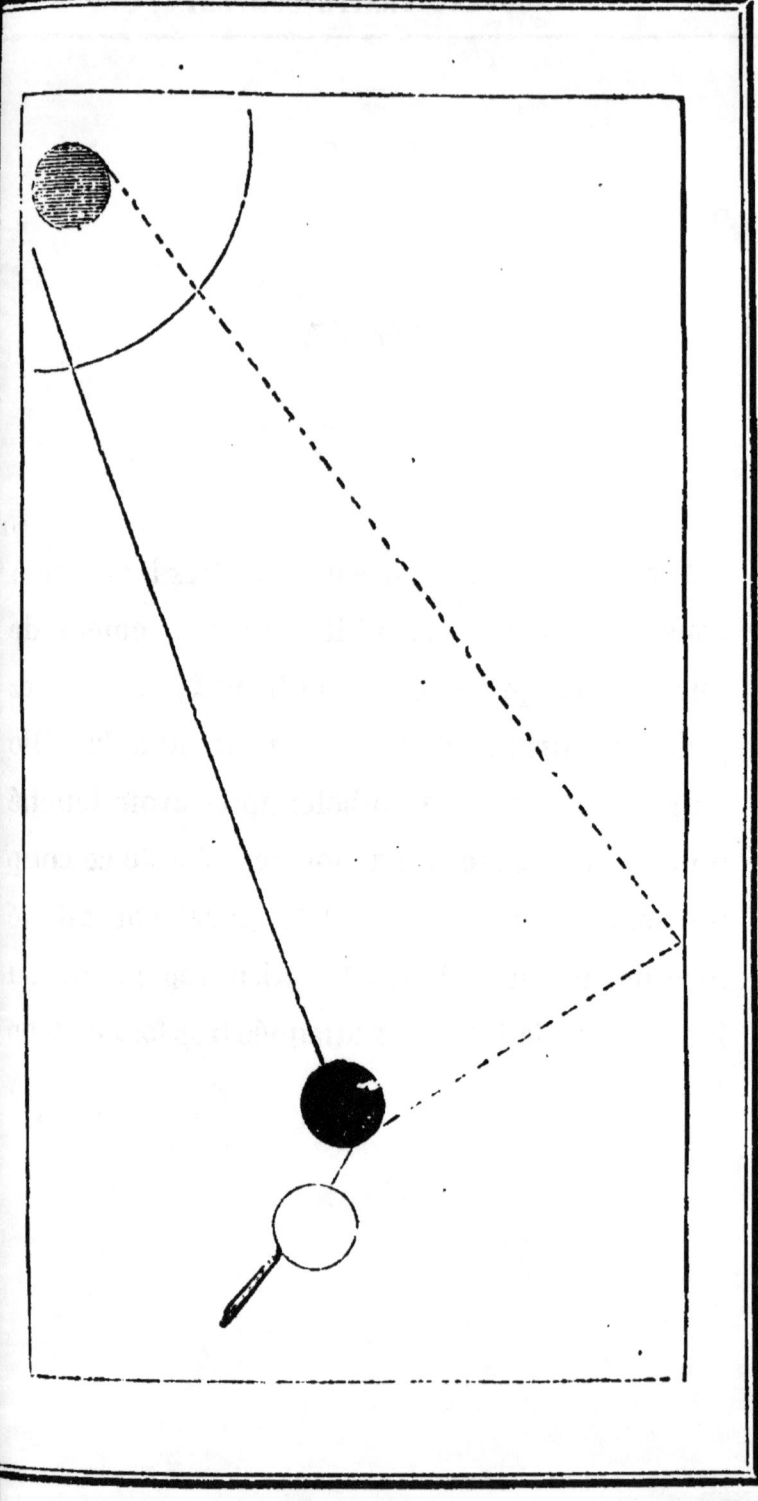

Fig. 47.

Fig. 48.

Voici un des nombreux coups sur lesquels les amateurs ne prennent jamais la bille n° 2 assez plein, et, conséquemment, n'arrivent pas à l'entraîner. Prenez donc votre bille au-dessus du centre et un peu à gauche, afin de ne pas queuter; la bille n° 2, prise assez plein, ira retrouver les deux autres billes.

DU JEU DE BILLARD 123

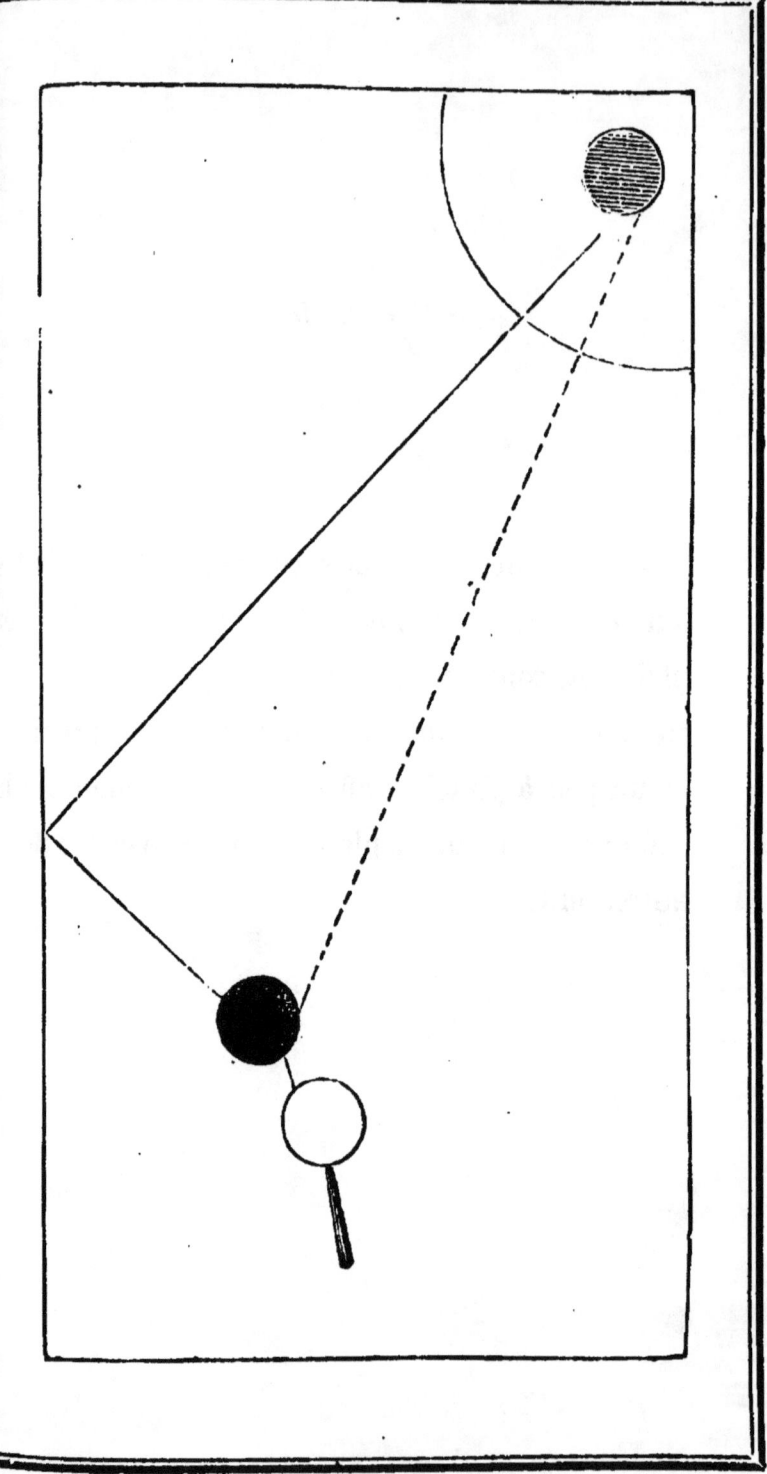

Fig. 48.

Fig. 49.

Simple en apparence, ce coup est assez difficile à jouer quand on veut ramener la bille n° 2 dans le demi-cercle. L'élève devra prendre sa bille au-dessus du centre et légèrement à droite; la bille n° 2 assez plein pour toucher les deux bandes indiquées avant d'arriver à la grande bande droite.

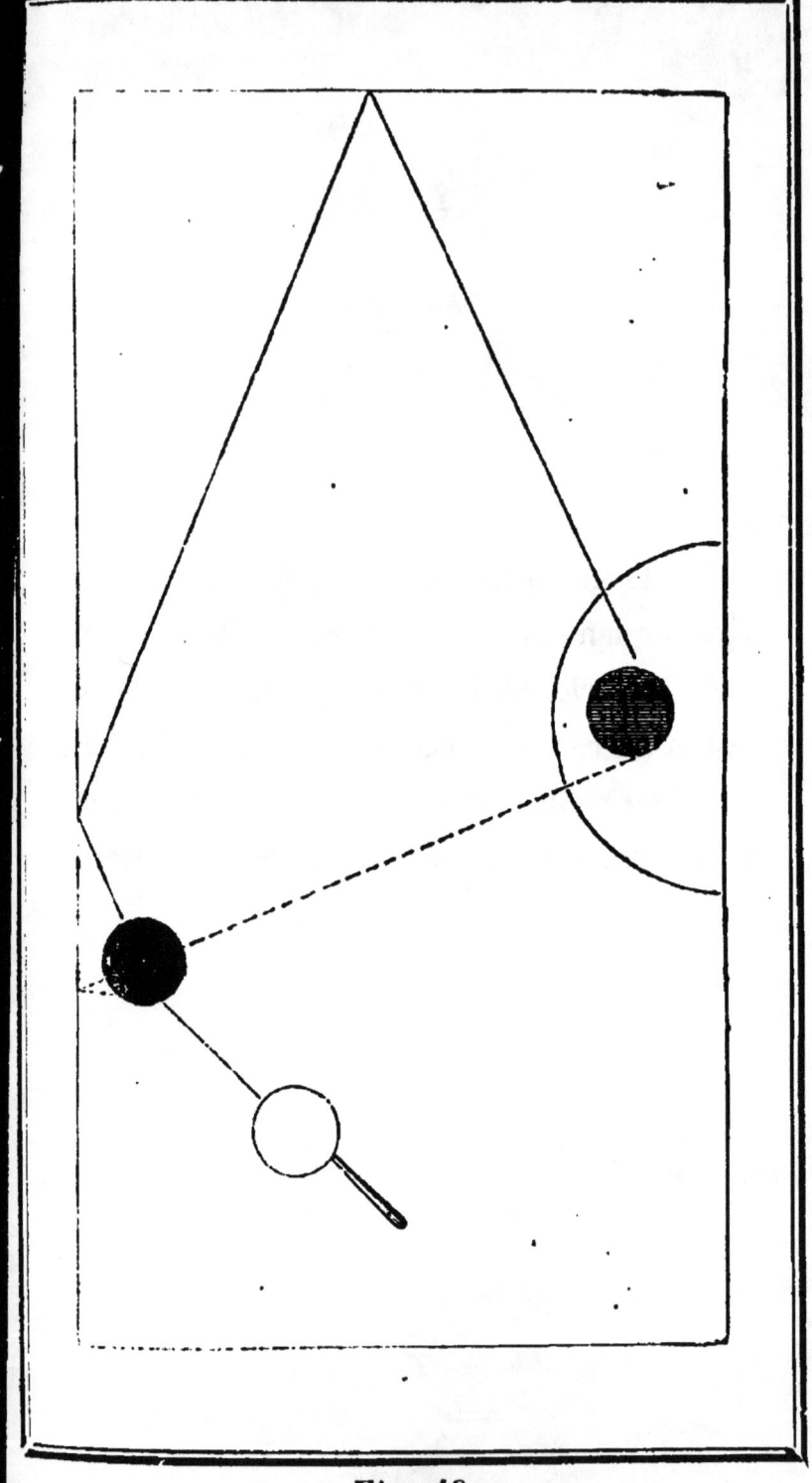

Fig. 49.

Fig. 50.

Il y a bien peu d'amateurs qui jouent ce coup convenablement. Comme il se présente souvent, ou dans des cas analogues, l'élève devra bien le travailler, même en modifiant un peu la place qu'occupent les billes, afin de le posséder parfaitement. Ce qui empêche constamment la bille n° 2 de revenir dans l'angle, c'est qu'elle a été prise fin, tandis qu'il faut la prendre plus plein et faire moins d'effet de côté ou d'effet en dessous sur sa propre bille.

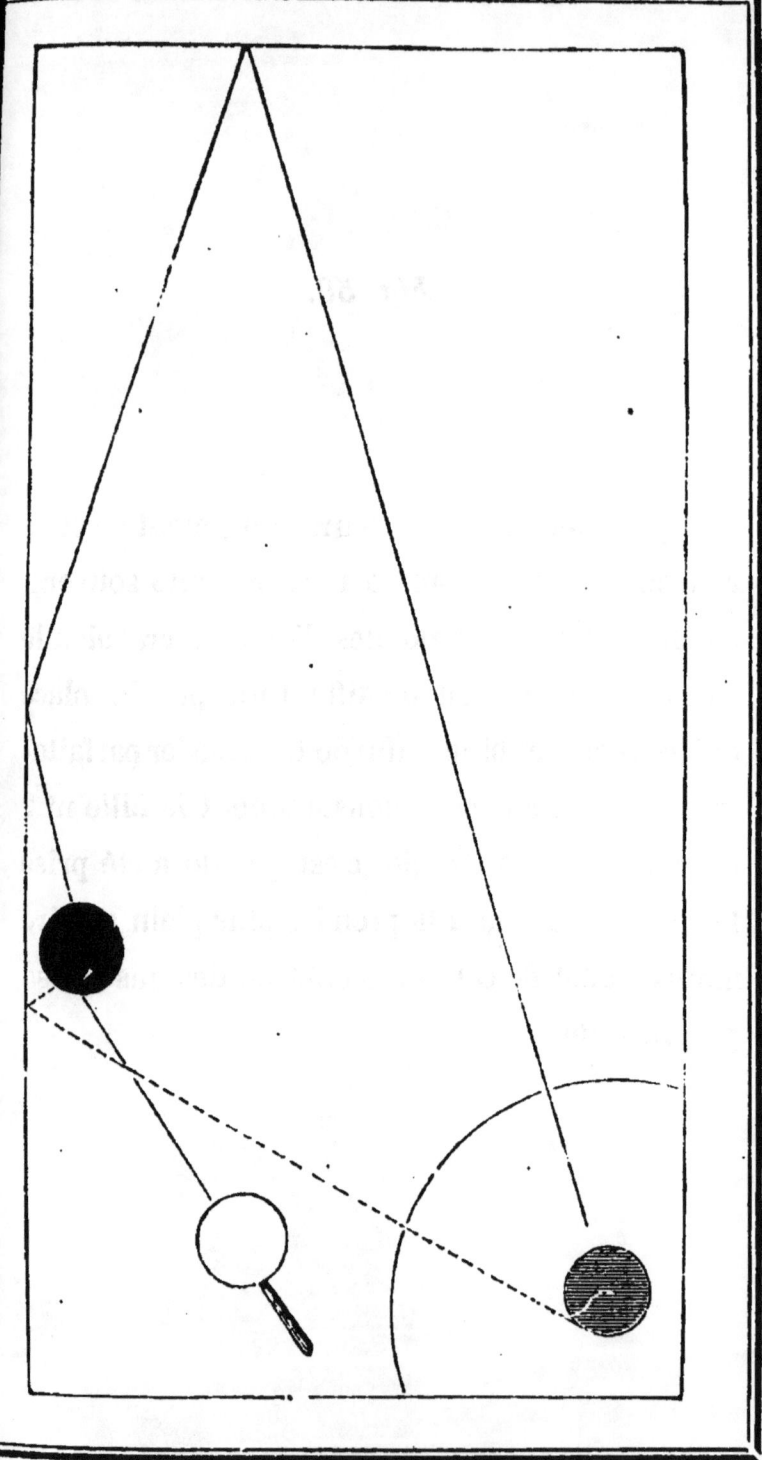

Fig. 50.

Fig. 51.

Coup à peu près le même que le précédent, mais, ici, l'effet à droite doit être mieux fait, car la bille du joueur a deux bandes à toucher au lieu d'une. La souplesse, la légèreté, le va-et-vient sont autant de chances de succès.

DU JEU DE BILLARD 129

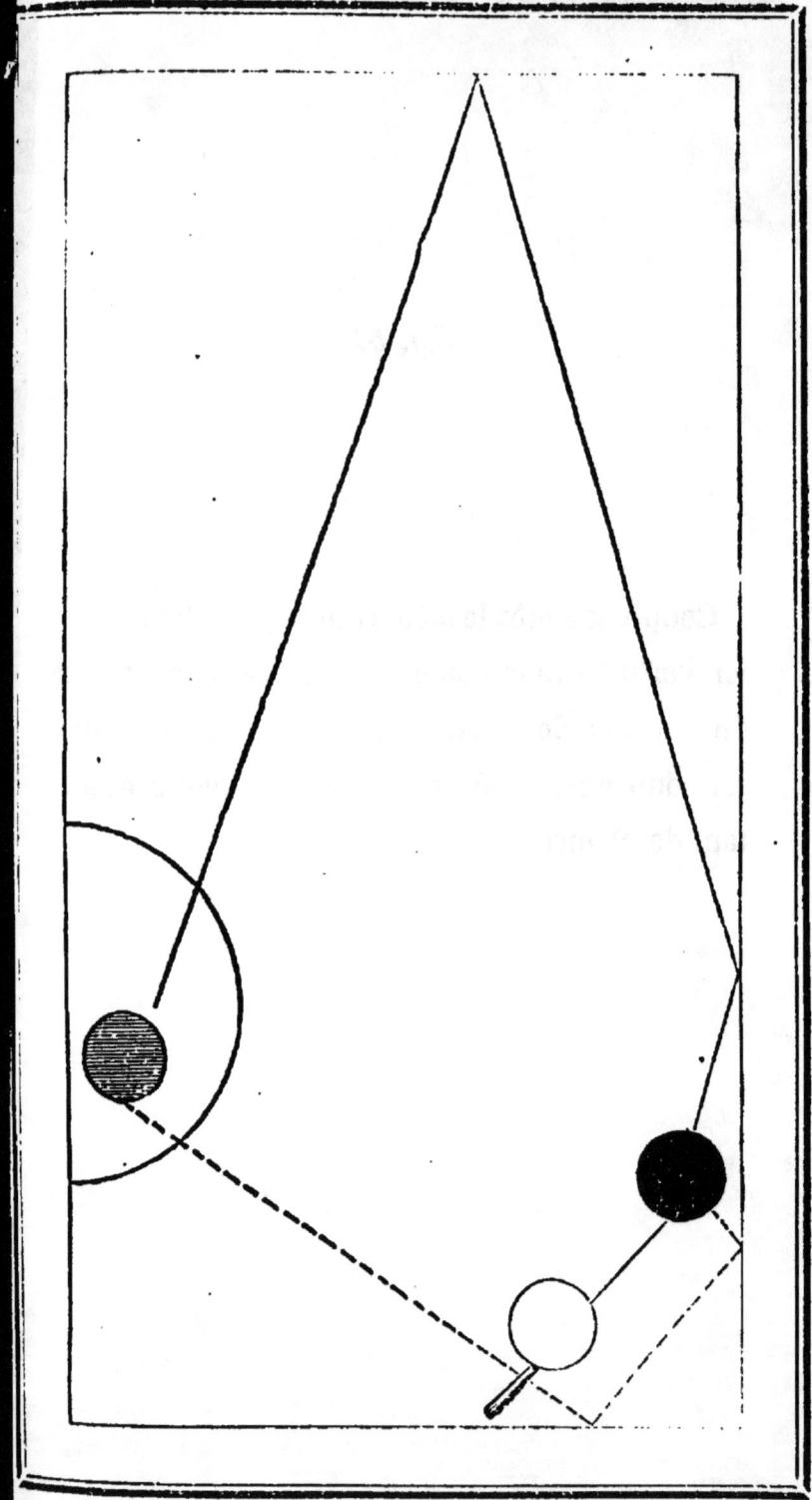

Fig. 51.

Fig. 52.

Il n'y a qu'un seul moyen d'arriver doucement sur la bille n° 3 et de ne pas la faire sortir du demi-cercle, c'est de prendre la sienne bas et à gauche et la bille n° 2 très-peu à gauche; plus d'élan que de force.

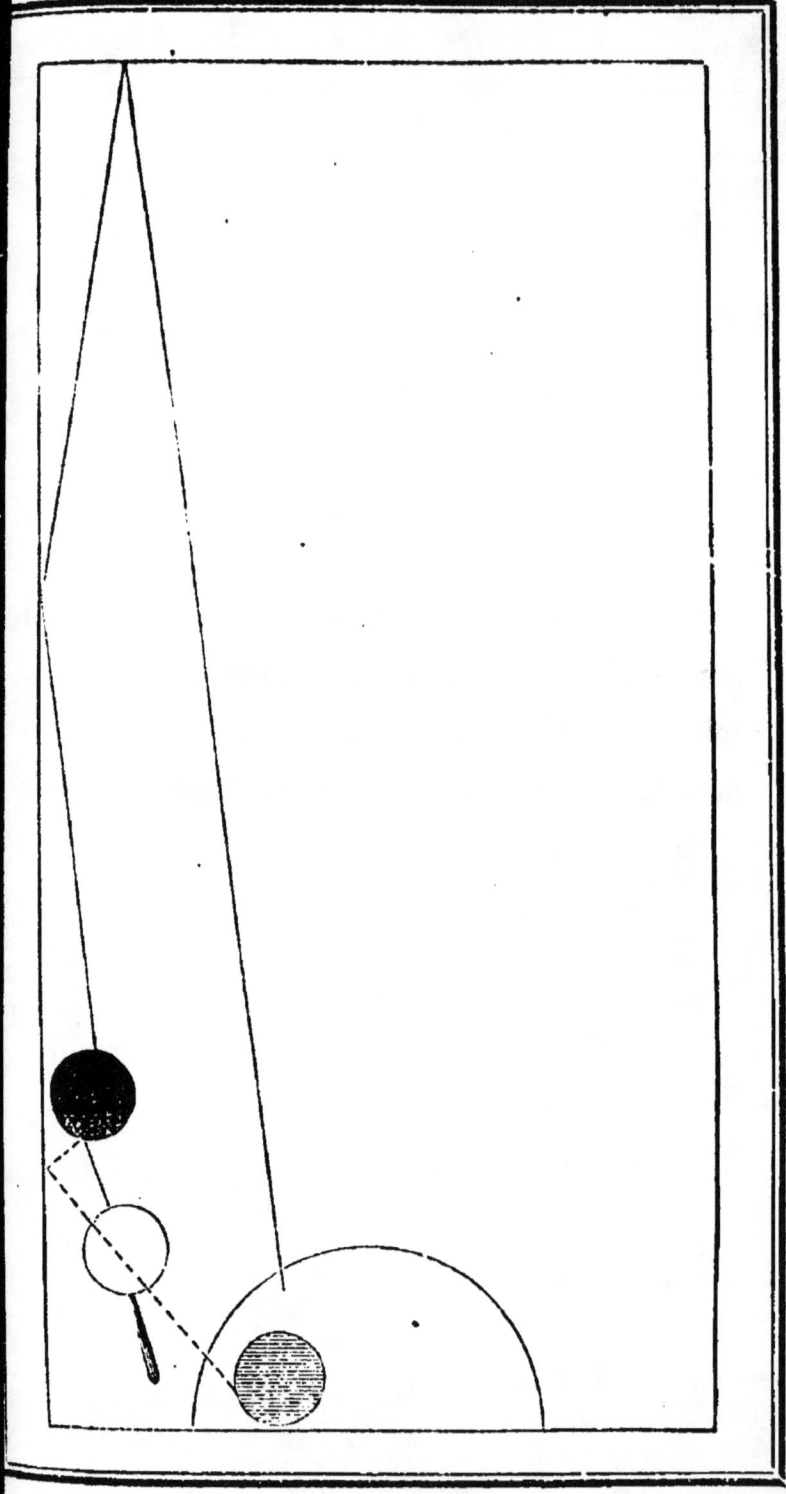

Fig. 52.

Fig. 53.

Prenez votre bille aux 4/5mes de sa hauteur et en dessous; la bille n° 2 à la bissectrice ou à l'intersection de l'angle, et, en ne jouant pas trop fort, vous carambolerez directement. Quant à la bille n° 2, elle reviendra à peu près dans le cercle. L'élève fera bien de travailler ce coup dans toutes sortes de positions semblables et en tenant compte du principe développé ci-dessus, qui s'applique à tous les rétrogrades de bille à bille. Le mouvement de va-et-vient doit être fait régulièrement, sans saccade, c'est-à-dire que le dernier élan ne doit pas être donné plus vite, ni guère plus fort que les deux ou trois qui préparent et assurent le coup. Ce qui précède s'adresse surtout aux amateurs qui se plaignent d'avoir un *coup d'épaule*. Ce défaut disparaît promptement quand l'élève s'astreint, pendant un certain temps, à compter mentalement 1, 2, 3, en faisant marcher l'avant-bras, et veille bien à ce que son dernier coup (le 3me) vienne de l'arrière.

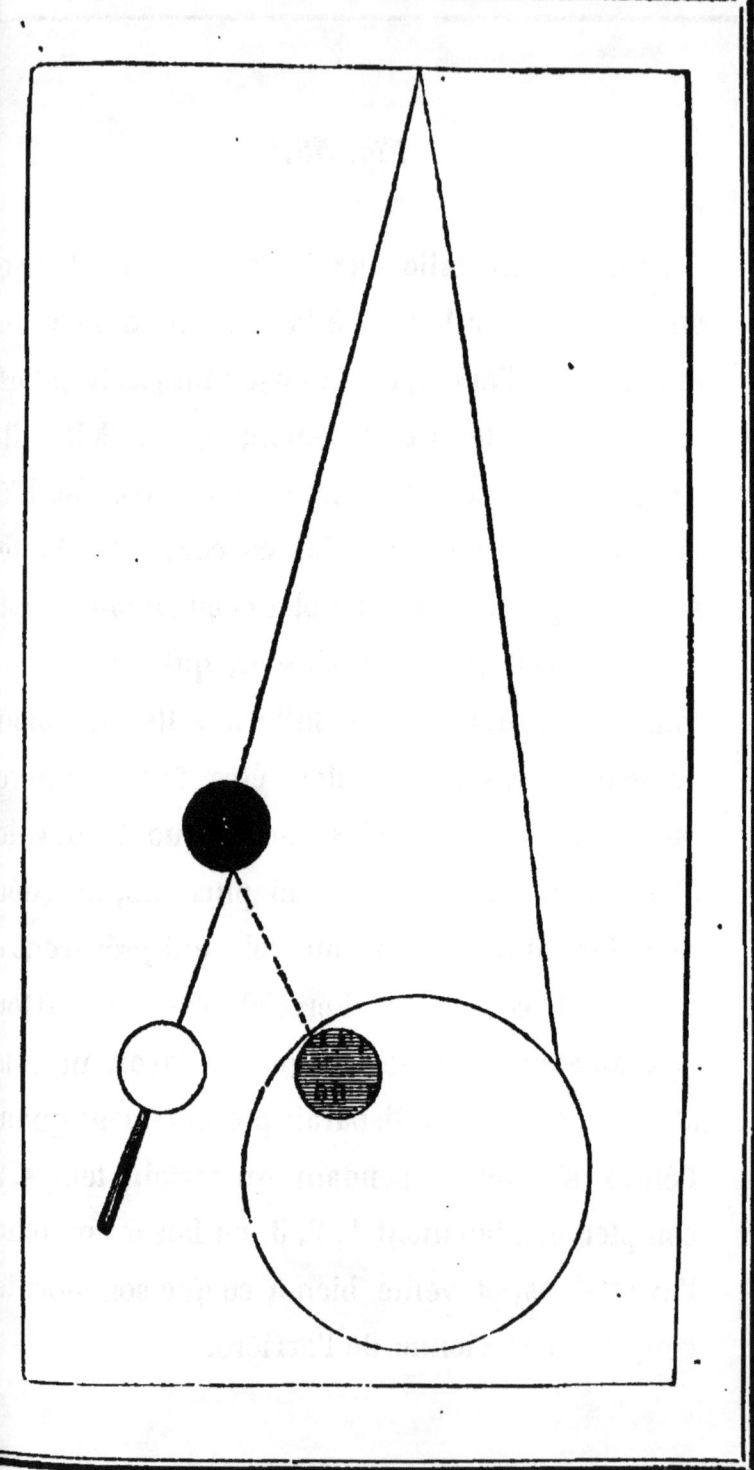

Fig. 53.

Fig. 54.

La bille n° 3 étant très-peu à gauche de la bille n° 1, il est clair que la bille n° 2 doit être prise presque plein. La bille n° 1 doit être attaquée bas et au centre, le coup joué assez énergiquement pour que la bille n° 2 puisse faire le trajet marqué. La bille du joueur ne doit pas tourner, puisqu'on cherche à la prendre au centre ; s'il en était autrement, c'est que la queue de l'élève n'aurait pas frappé au point visé. De même qu'un cerceau ne recule bien qu'autant qu'il a été lancé de l'arrière, de même la bille ne rétrogradera parfaitement qu'à la condition que le coup de queue viendra de loin.

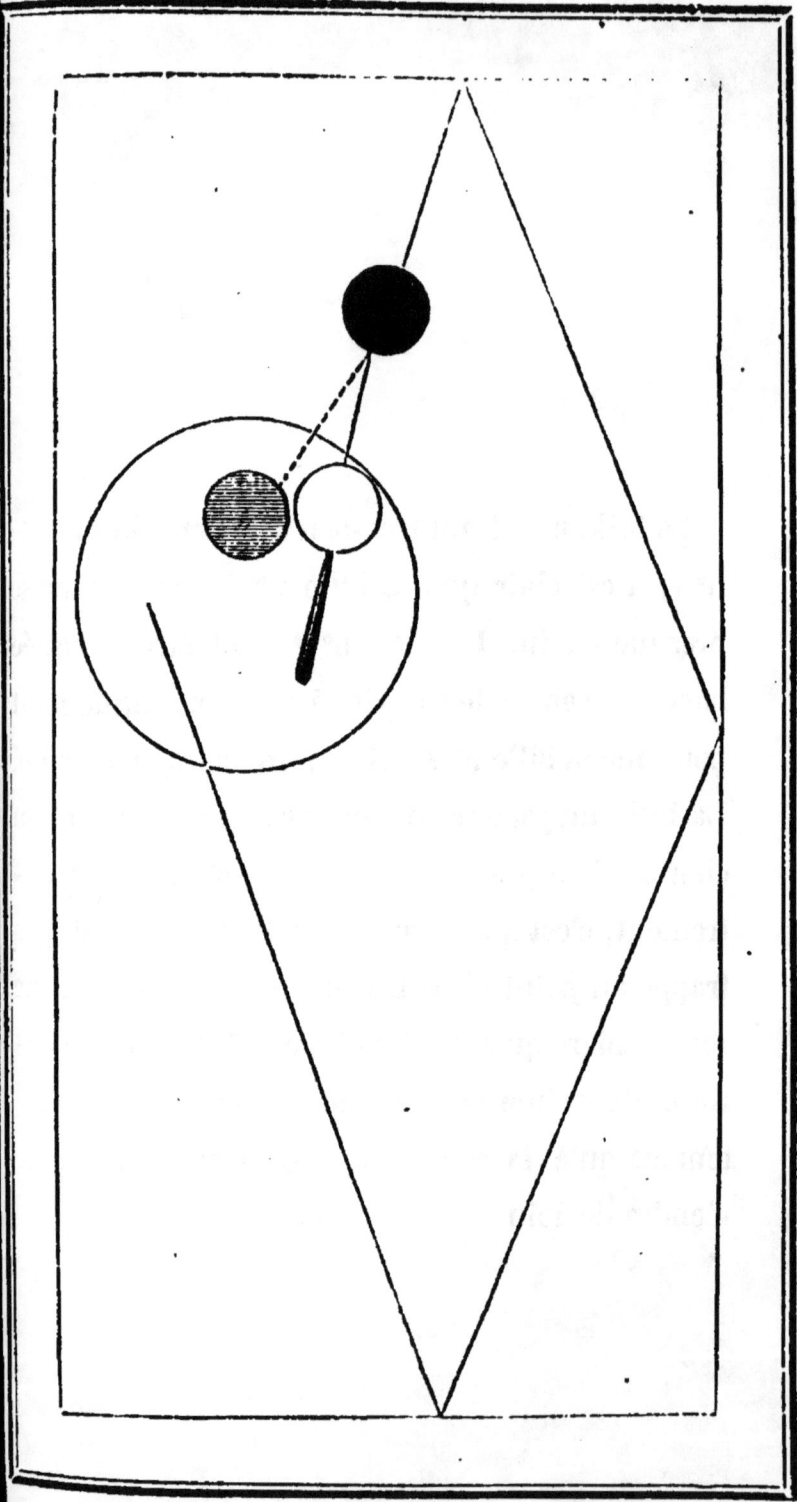

Fig. 54.

Fig. 55.

L'élève doit prendre sa bille au-dessous et au centre, la bille n° 2 à l'intersection de l'angle supposé. Le coup de queue, venant de l'arrière, doit être donné doucement, sinon la bille n° 2 ne restera pas dans le demi-cercle servant de point de réunion aux trois billes. Une indication qui ne doit pas être négligée par l'élève : chaque fois que les billes n°s 1 et 2 sont distantes de plus de 15 à 20 centimètres, la queue du joueur doit entrer dans la bille n° 1 et la dépasser de quelques centimètres; en définitive, il faut plutôt accompagner la bille et lâcher la queue que de la retenir. La queue, au contraire, ne doit pas dépasser la bille du joueur, quand les billes n°s 1 et 2 sont distantes de 4 à 10 centimètres seulement l'une de l'autre.

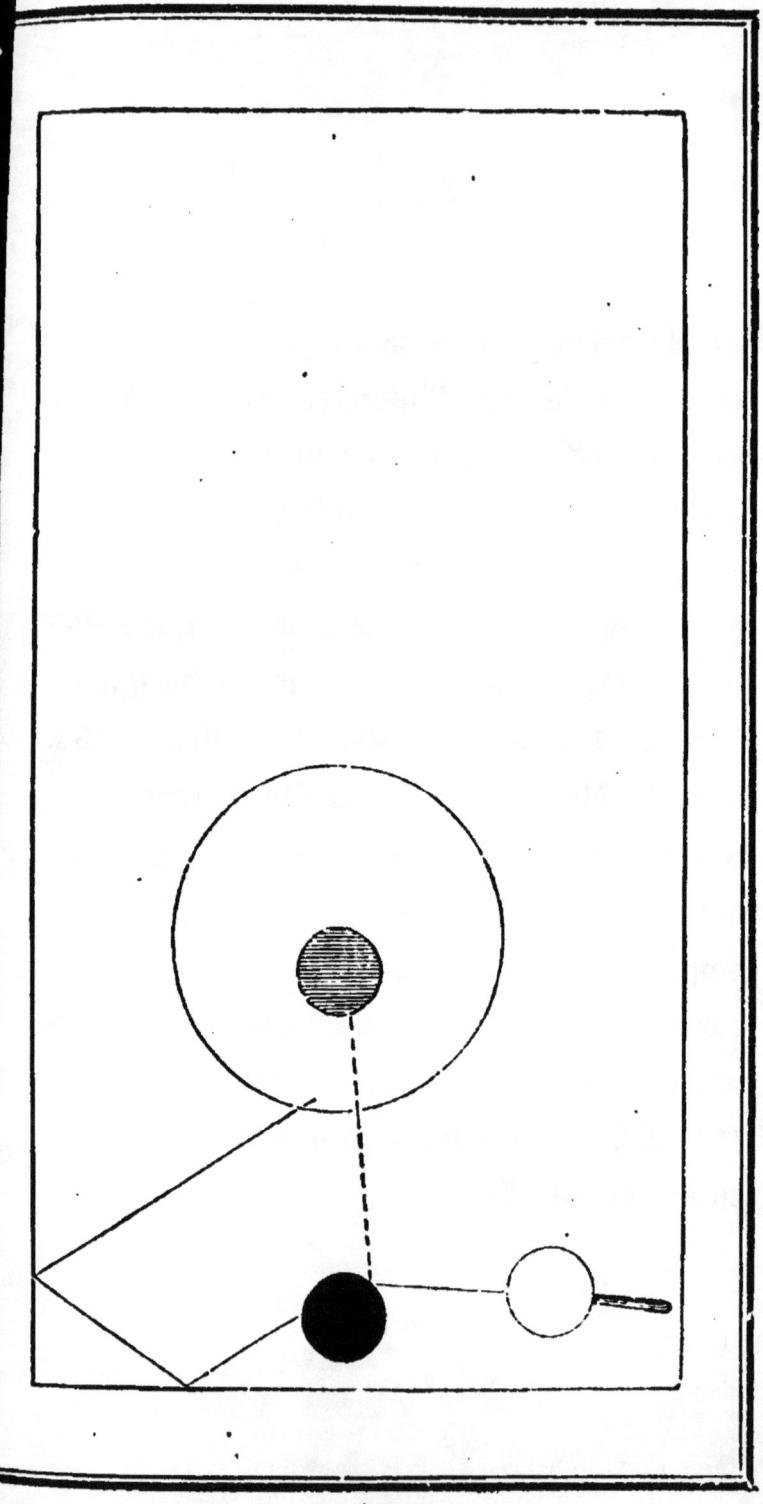

Fig. 55.

Fig. 56.

Dans ce coup, la bille n° 2 doit être prise peu à droite, sans quoi elle ne reviendrait pas dans l'angle du billard ; le coup doit être joué assez fort et la bille du joueur attaquée en plein, afin de lui faire parcourir la ligne pointillée.

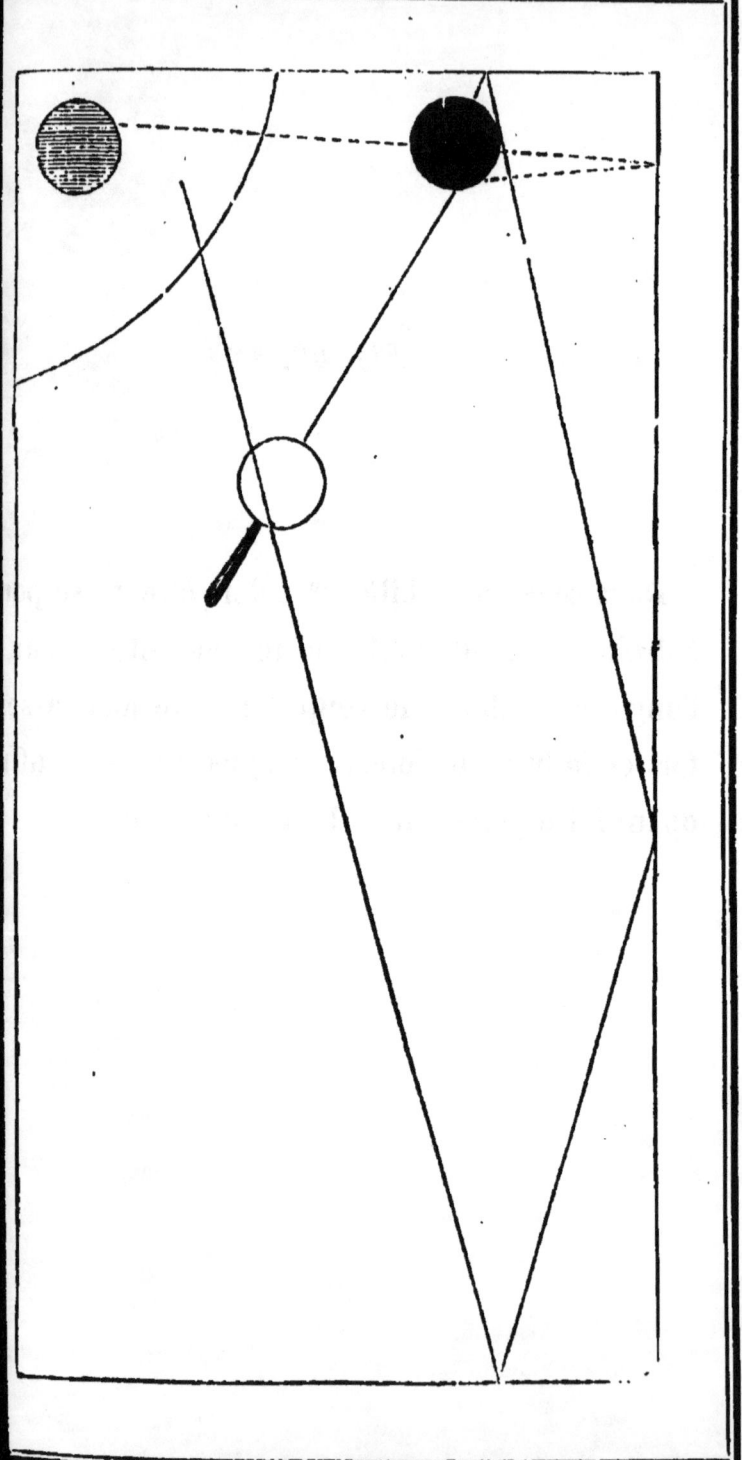

Fig. 50.

Fig. 57.

Rétrograde additionné d'effet de côté. La bille du joueur doit être prise aux trois quarts en dessous et à droite, la bille n° 2 à droite également. Il faut étudier ce coup assez longtemps, puis s'exercer à le faire dans des positions à peu près semblables, afin de le connaître aussi bien que possible.

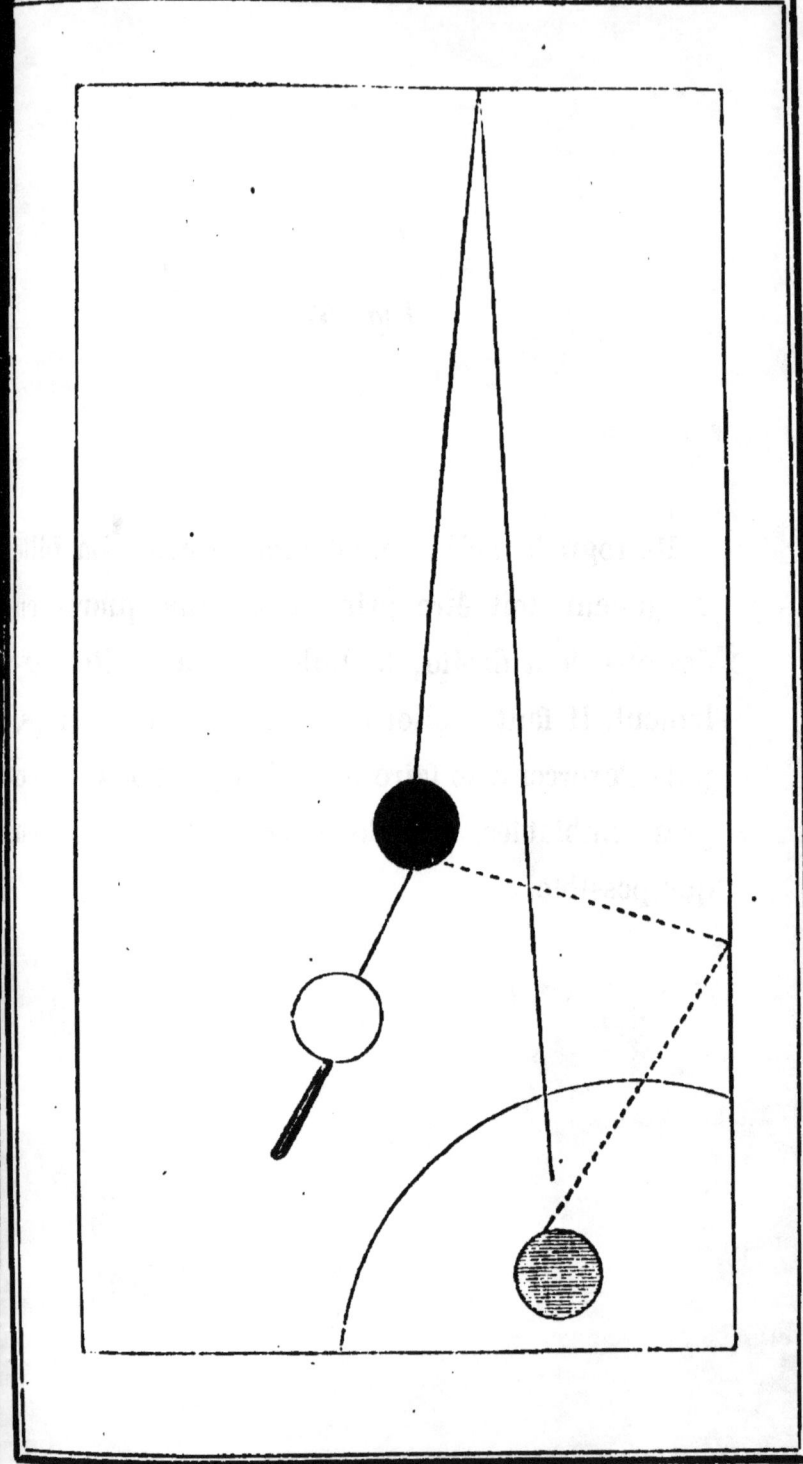

Fig. 57.

Fig. 58.

Prenez votre bille à gauche et aux trois quarts, dans sa partie basse, la bille n° 2 un peu à gauche ; le coup devra être joué assez fort pour que la bille n° 2 vienne retrouver les deux autres dans l'angle.

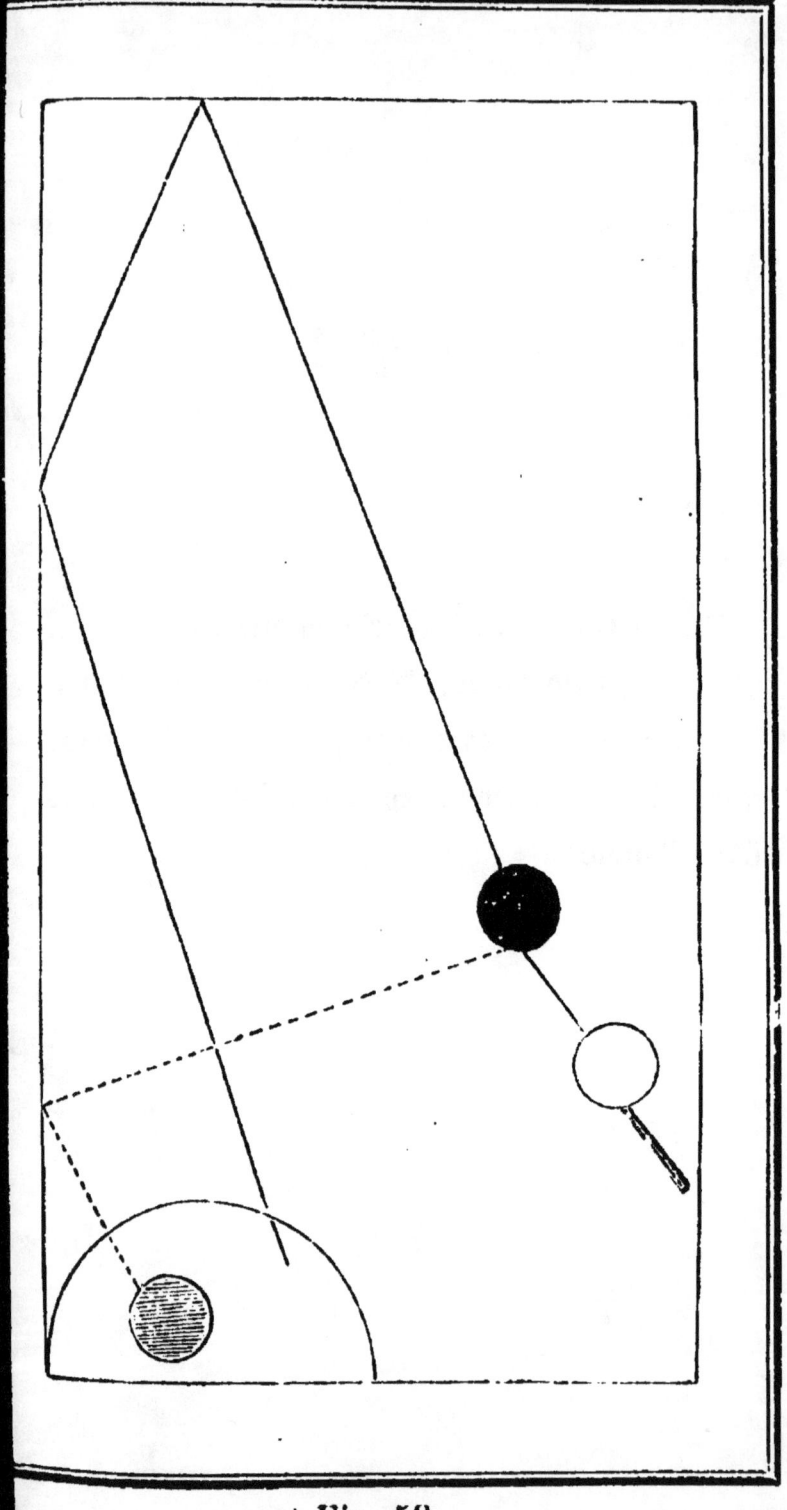

Fig. 58.

Fig. 59.

Ce coup demande à être étudié. Il n'est pas aussi facile qu'on le suppose de prendre sa bille en plein centre et de donner à son coup de queue la mesure exacte qui convient à ce genre de coups. La bille n° 2 doit être prise un peu à gauche, sans quoi elle dérangerait la bille n° 3, et n'irait pas toucher la grande bande de droite.

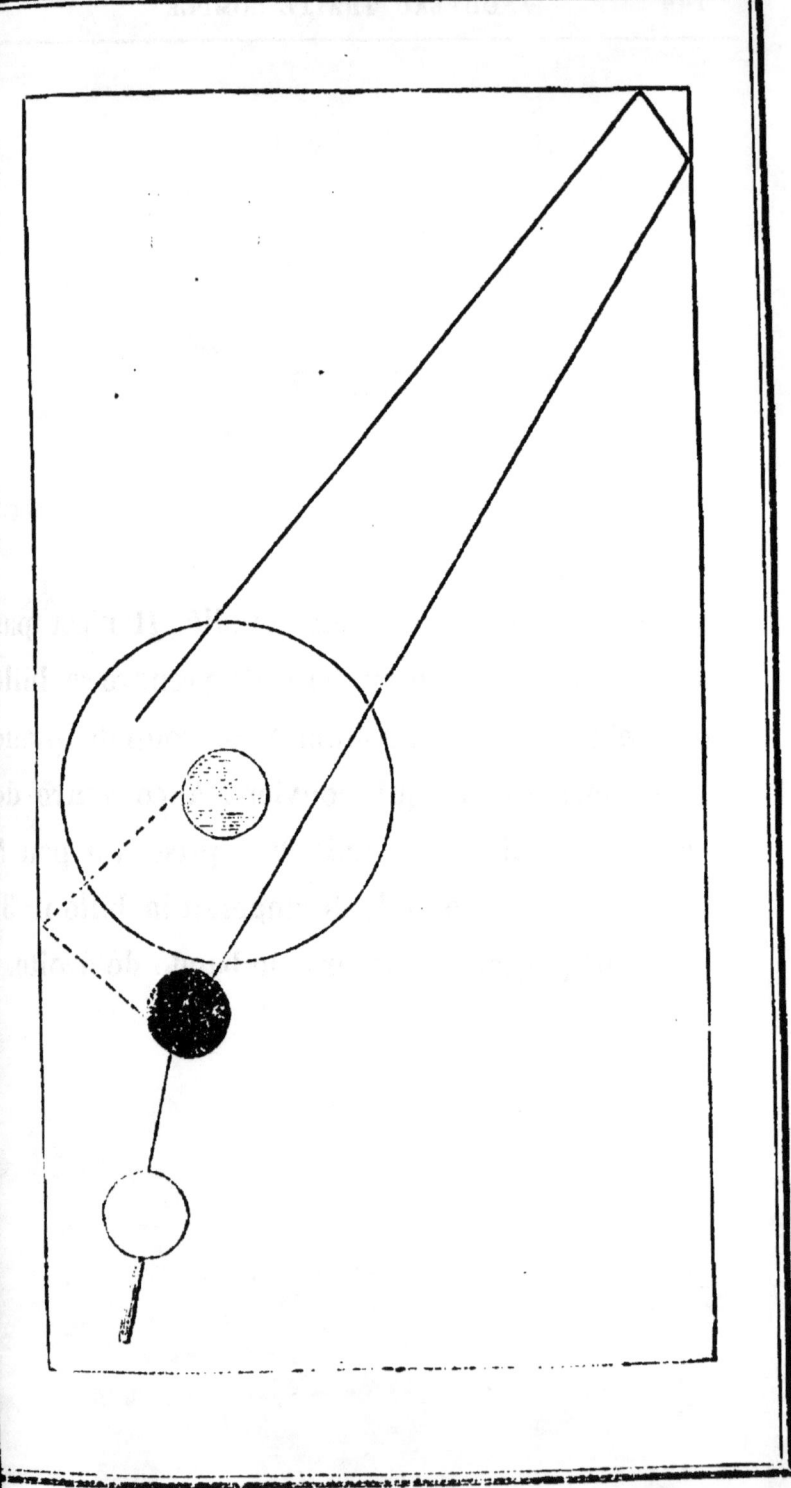

Fig. 59.

Fig. 60.

Maintenant, l'exercice et l'exécution des coups précédents ont donné à l'élève une force suffisante pour qu'il puisse se rendre compte des coups joués avec effet contraire. Ces coups ont une grande importance, puisqu'ils contribuent à arrêter ou à faire rentrer la bille n° 2 dans le cercle de la série. Si l'on jouait ce coup par les moyens ordinaires, c'est-à-dire sans effet de côté, la bille n° 2 ne reviendrait jamais dans le cercle dessiné à droite du billard. Mais l'effet qu'on fait sur sa bille se produisant en sens inverse sur la bille n° 2, aussitôt après avoir touché la bande, cette dernière rentre dans le cercle. Douceur et va-et-vient.

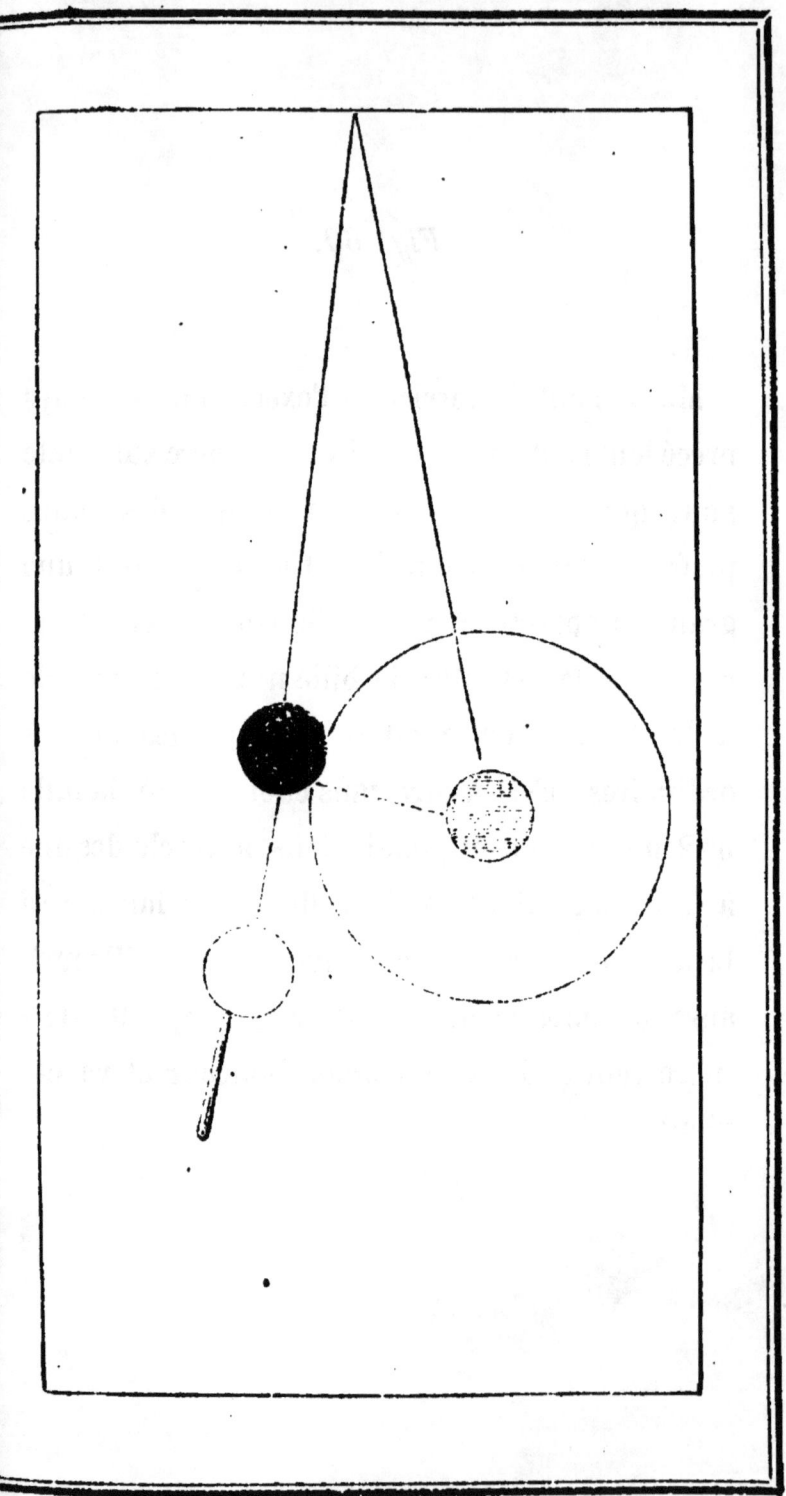

Fig. 60.

Fig. 61.

Si le coup était joué sans effet à droite, la bille n° 2 ne reviendrait pas dans le coin. L'élève devra prendre sa bille à droite et en dessous, la bille n° 2 un peu à gauche; si, au lieu de caramboler de bille à bille, le joueur vient à faire le coup par la petite bande du bas, il devra se tenir pour satisfait.

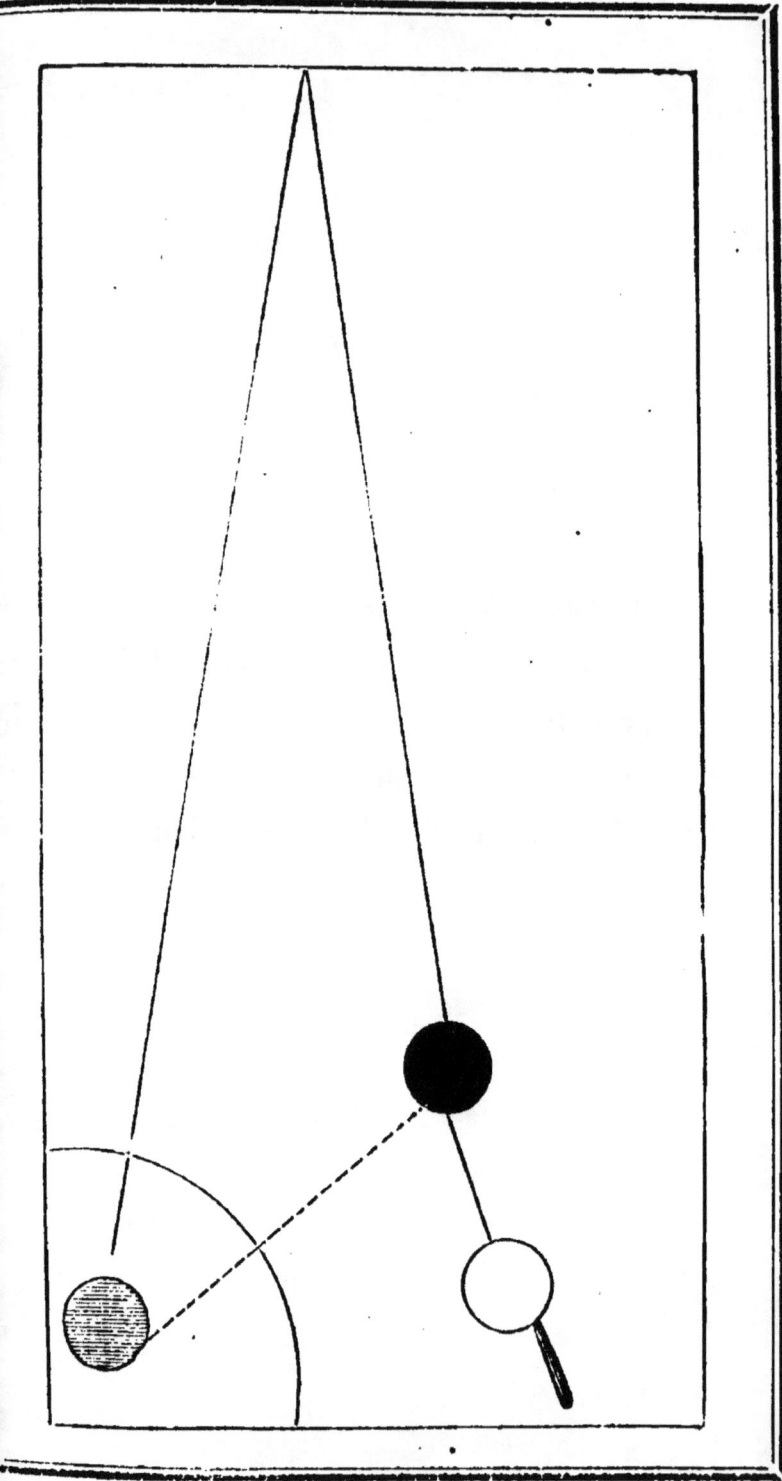

Fig. 61.

Fig. 62.

L'élève, en employant les moyens ordinaires, aurait peu de chance de ramener la bille n° 2 dans le cercle, comme nous avons déjà eu l'occasion de le dire ; l'effet qu'on fait à droite sur sa bille se produit en sens inverse sur la bille n° 2, mais seulement après que celle-ci a touché la bande ; en vertu de ce principe, l'effet à droite fait sur la bille du joueur se reproduira donc à gauche, sur la bille n° 2, et la fera rentrer dans le cercle dessiné au milieu du billard.

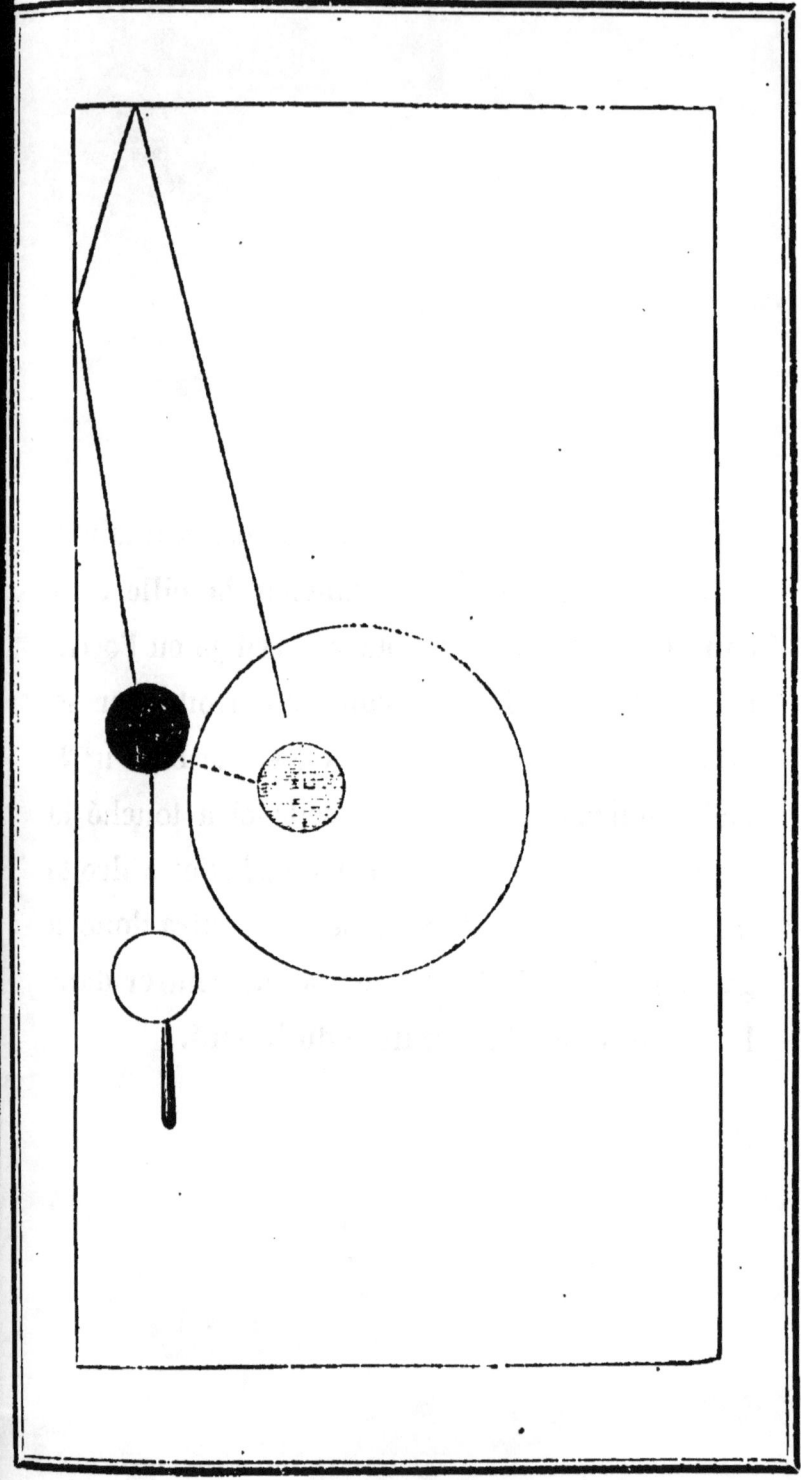

Fig. 62.

Fig. 63.

La difficulté de ce coup est d'empêcher, par un contre, la bille n° 2 de sortir du cercle. En effet, comme il est extrêmement difficile de jouer ce rétrograde assez doucement pour que la bille n° 2 ne dépasse pas le rond, il faut donc faire un effet contraire à gauche sur la bille du joueur et arrêter la bille n° 2 avec l'une des deux autres.

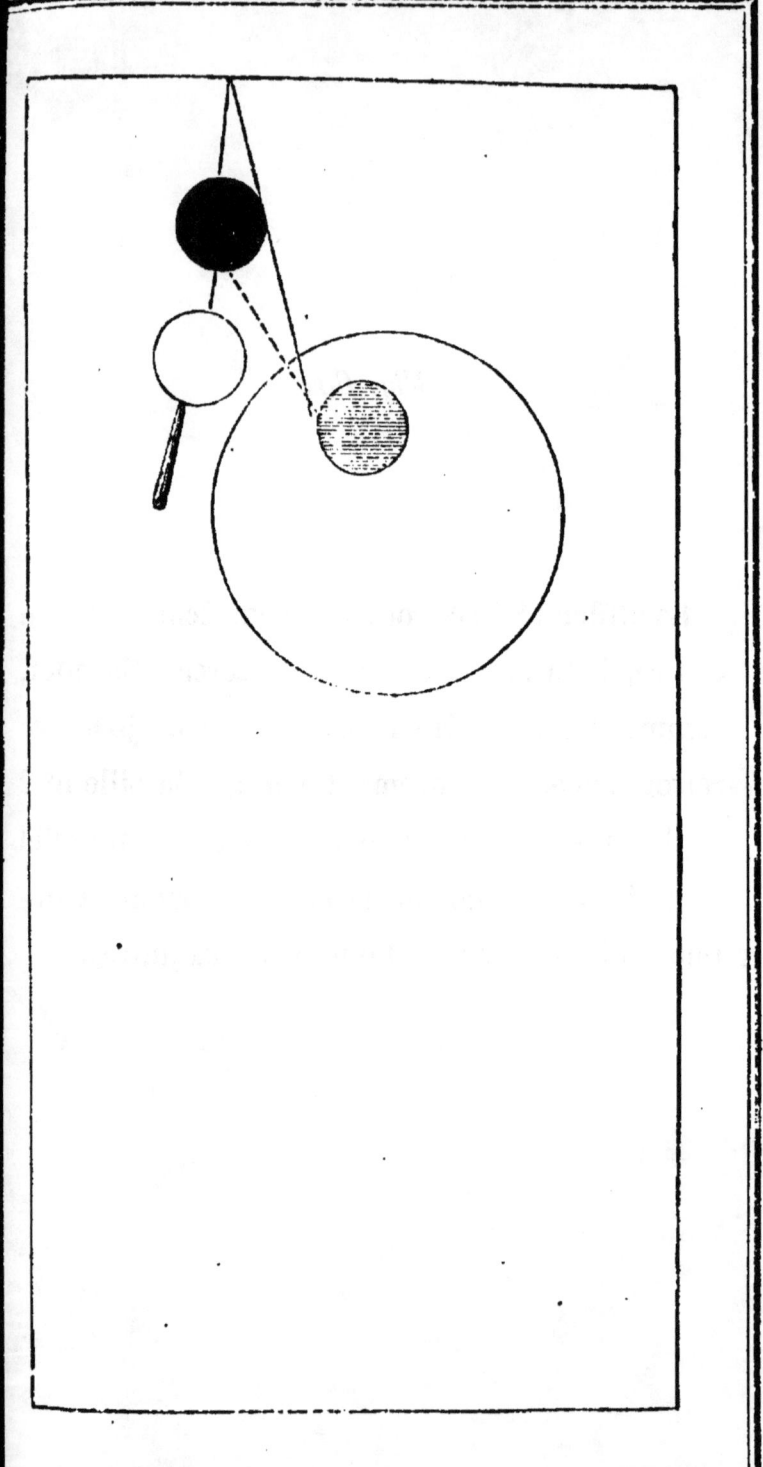

Fig. 63.

Fig. 64.

Prenez votre bille en dessous et à droite; la bille n° 2, prise un peu à gauche, rencontrera la bille du joueur et, par conséquent, ne dépassera que peu ou pas le demi-cercle. Ce coup doit être étudié longtemps, si on veut arriver à le jouer correctement. Ne serrez pas la queue, faites bien marcher l'avant-bras et jouez le plus doucement possible.

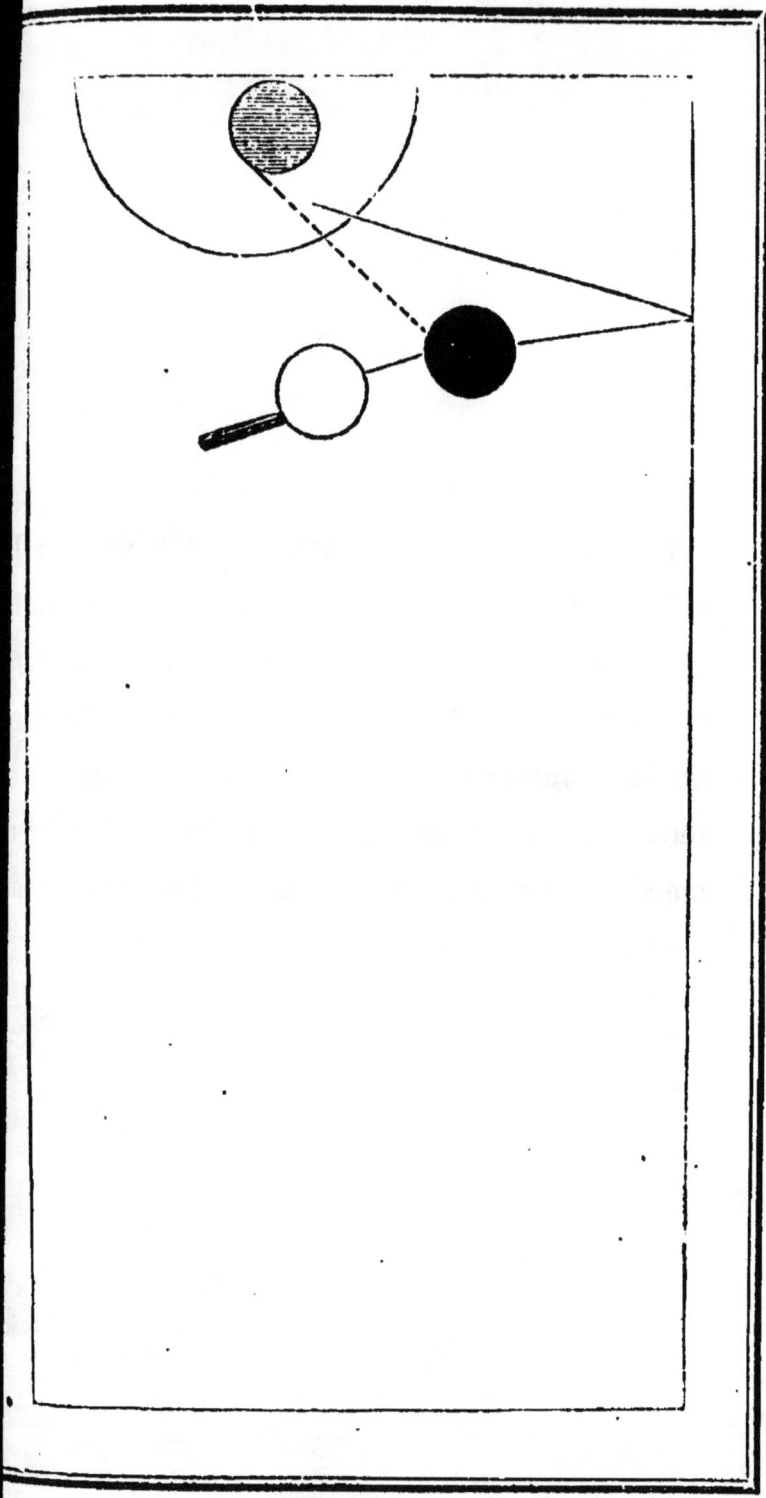

Fig. 64.

Fig. 65.

La série n'est possible qu'autant que la bille n° 2 est frappée presque plein; autrement elle ne toucherait pas les bandes indiquées par le dessin. Mais, s'il faut prendre plein la bille n° 2, il faut diminuer, comme compensation, la quantité d'effet rétrograde. L'élève aura souvent à tenir compte de cette observation (voyez figures 60, 62, 63, 65), de même que, si l'on doit prendre plus fin, il faut augmenter la quantité d'effet à revenir (voyez figures 57, 66 et 70).

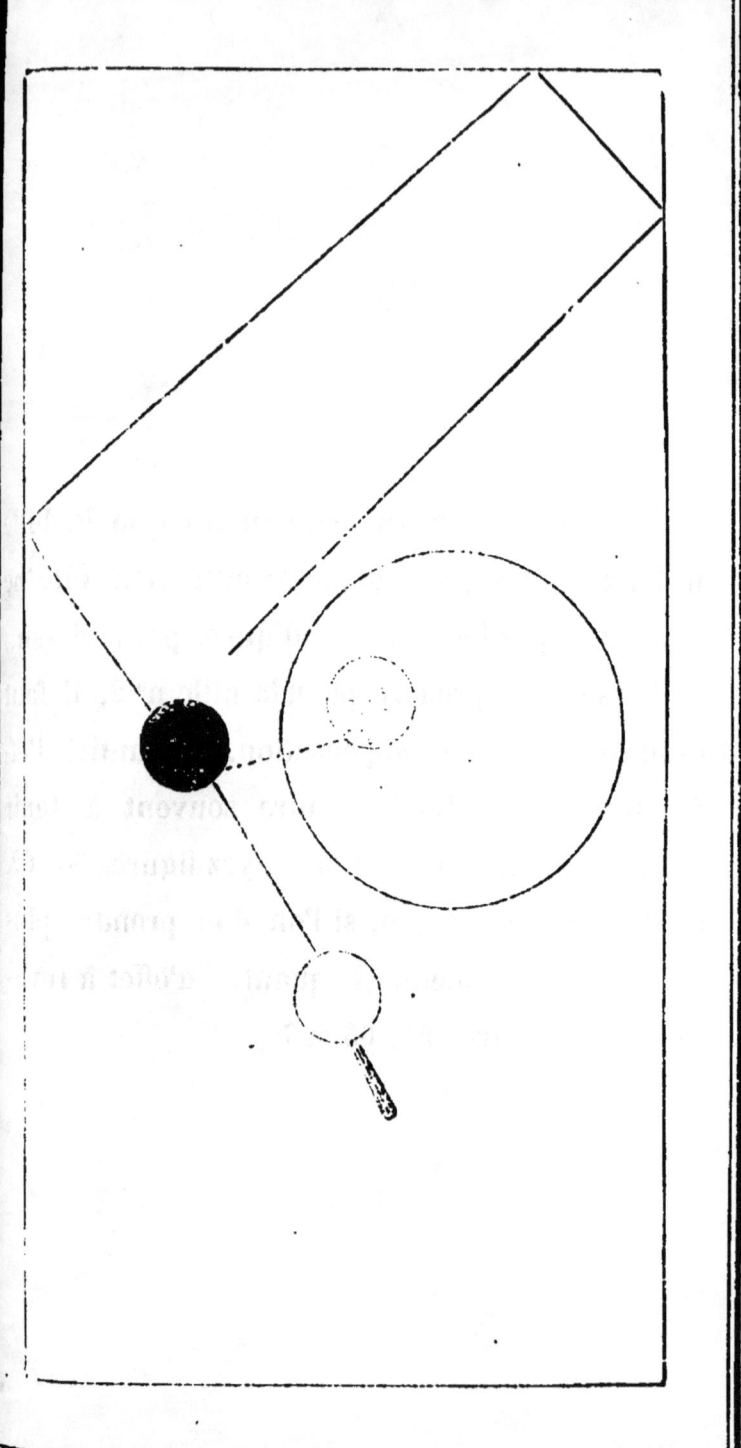

Fig. 65.

Fig. 66.

La bille n° 2, dans le coup proposé ici, ne resterait pas dans le cercle, si l'on ne faisait pas d'effet de côté. Prenez donc votre bille en dessous et à droite, la bille n° 2 à droite également, et cette dernière sera arrêtée par un contre sur une des billes n°s 1 ou 3.

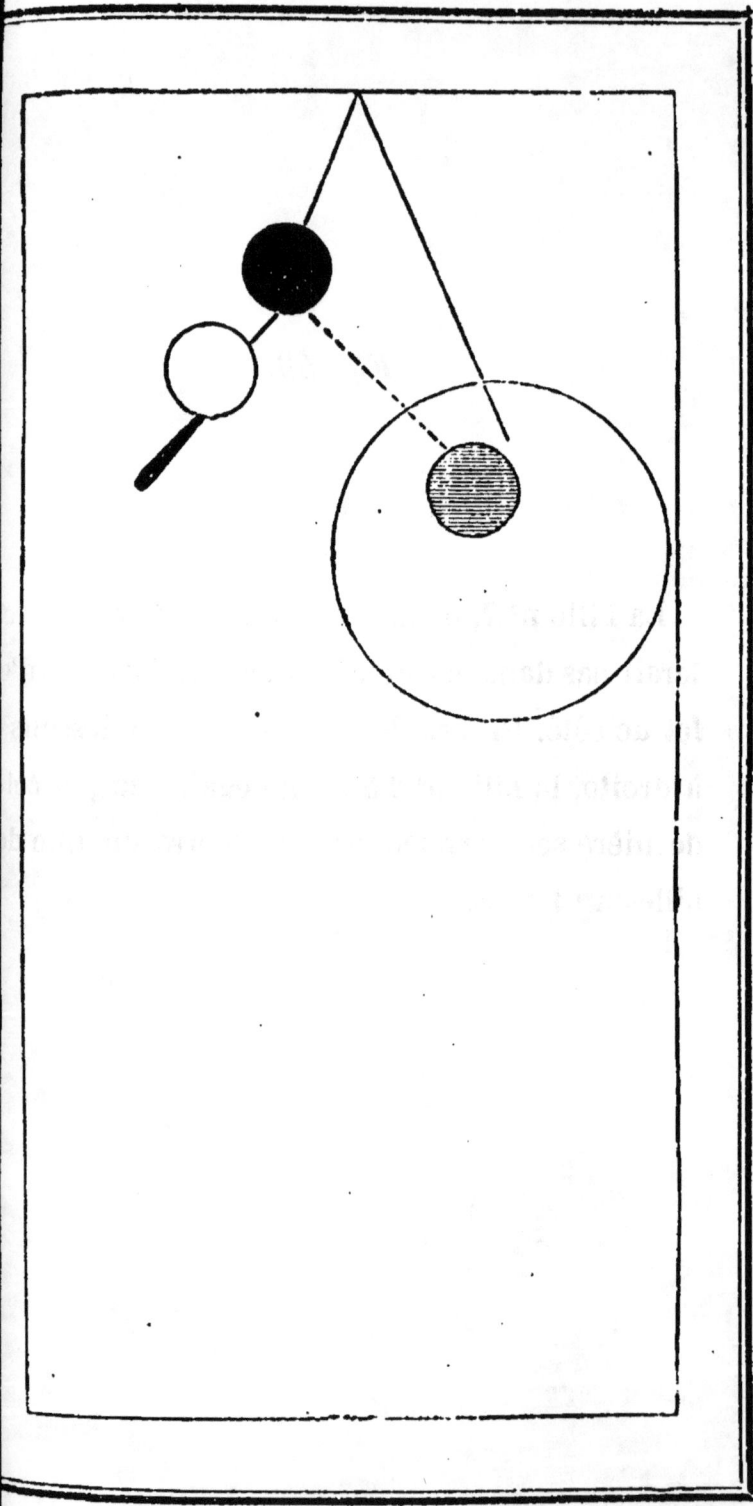

Fig. 66.

Fig. 67.

Pour réussir ce coup, le joueur doit prendre la bille bas et au centre, la bille n° 2 très-peu à droite, le coup de queue assez vigoureux pour faire parcourir à la bille n° 2 le trajet indiqué. Nous jouons de préférence sur la bille n° 2 qui représente la rouge, parce que, à chances égales, il vaut mieux, en cas d'insuccès, rester sur la blanche que sur la rouge, ce qui laisse moins de jeu à l'adversaire.

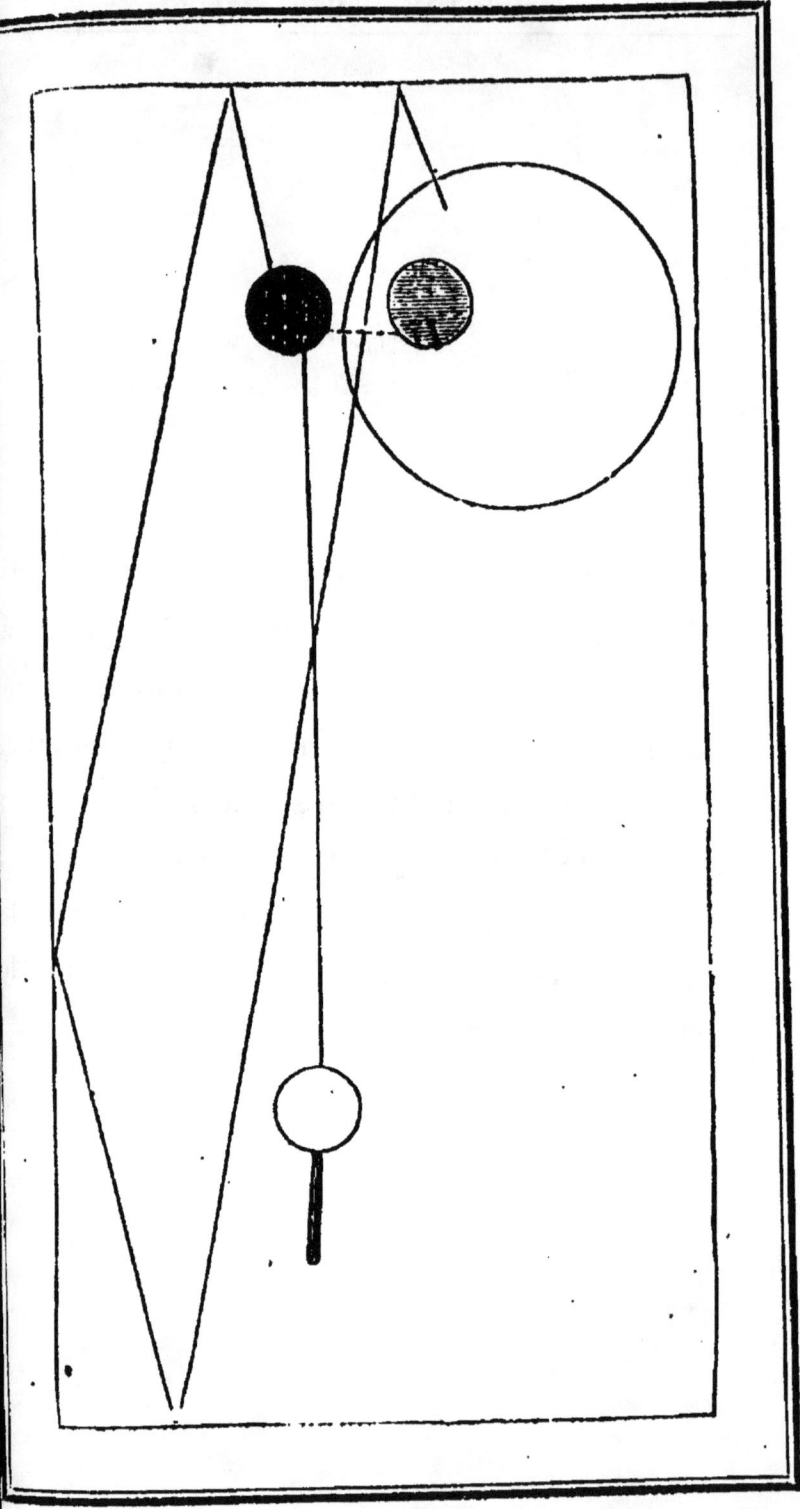

Fig. 67.

Fig. 68.

Quand les billes sont très-rapprochées, le *queutage* est très-difficile à éviter. On n'y parvient qu'en attaquant sa bille à droite et aux trois quarts en dessous et en jouant le coup énergiquement ; la bille n° 2 peu à gauche. L'élève fera bien de changer la position des billes, afin de ne pas être pris au dépourvu dans des cas semblables.

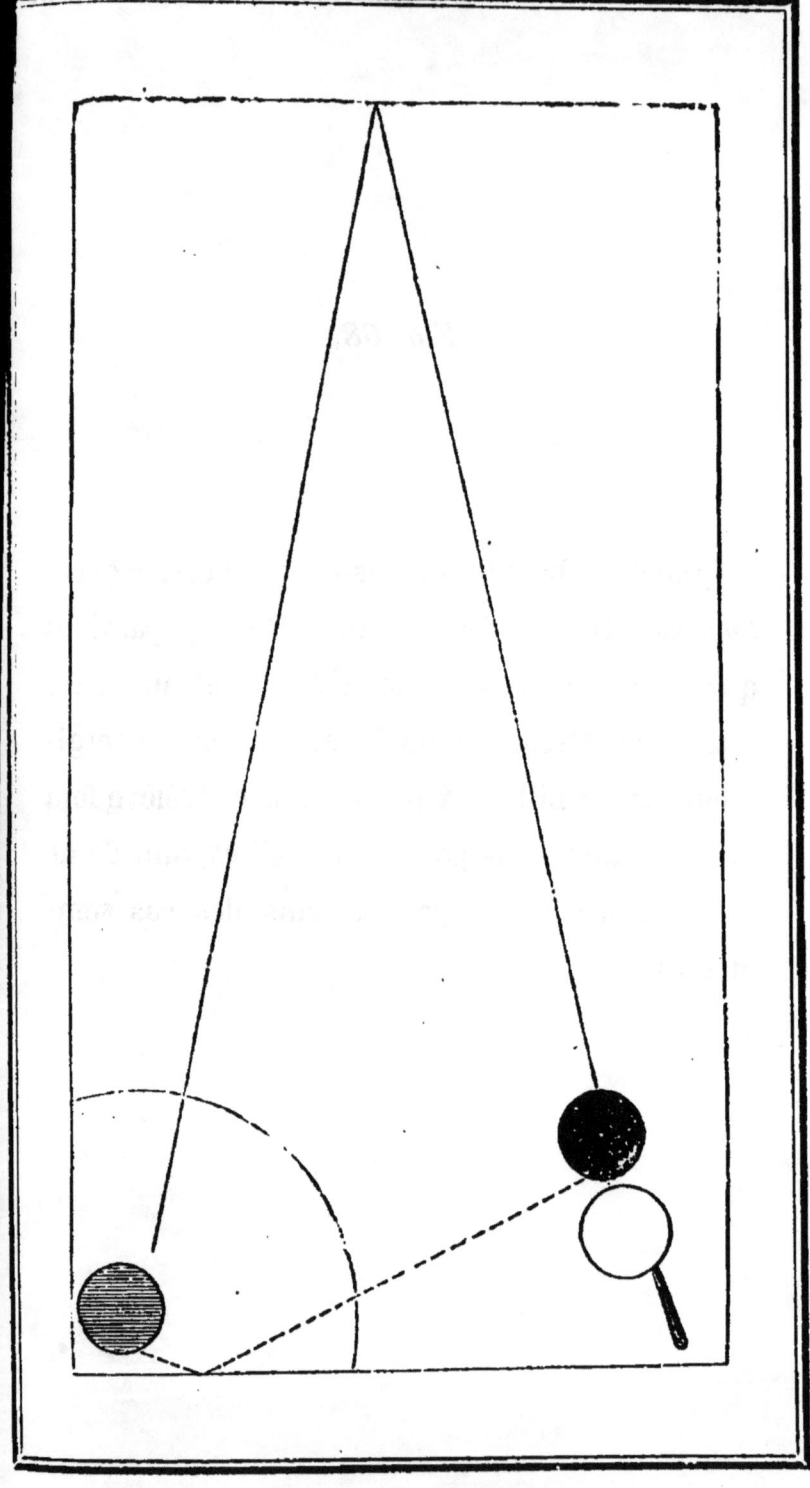

Fig. 68.

Fig. 69.

Le rétrograde figuré au tableau ci-contre doit être joué avec une grande vigueur, sinon la bille n° 2 ne reviendrait pas dans l'angle du billard. Nous faisons de même dans tous les cas semblables : chaque fois que nous ne pouvons jouer assez doucement sur la bille n° 2 pour qu'elle reste avec les deux autres, nous cherchons, par un coup de queue énergique, à faire faire à cette bille 3 ou 4 bandes, selon le trajet qu'elle a à parcourir.

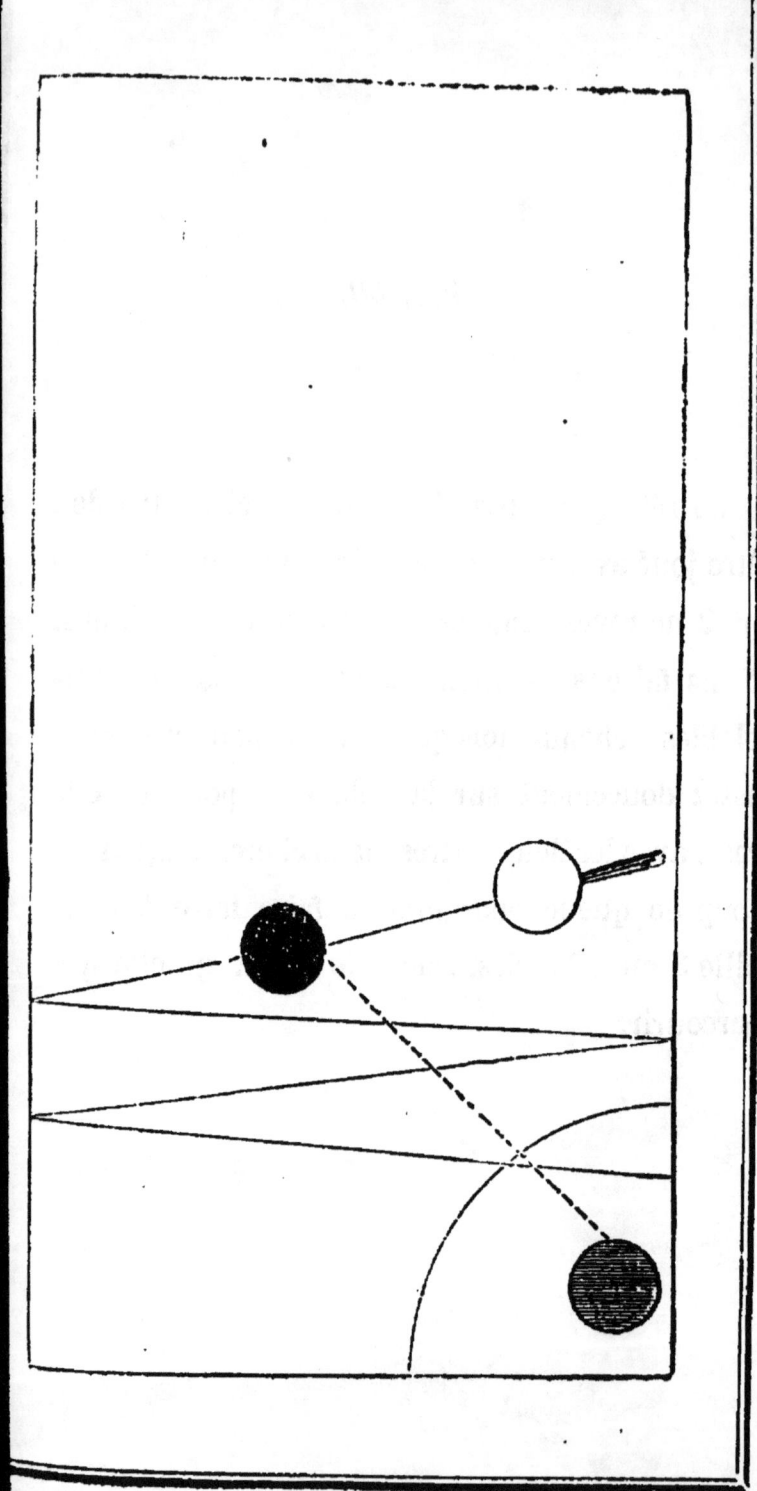

Fig. 69.

Fig. 70.

Les figures 70 à 80 comprennent divers coups avec effet de précaution. Ces coups sont surtout utiles quand la bille n° 3 est près d'une bande; car cet effet augmente toujours les chances de caramboler. Ici la bille n° 1 doit être prise en dessous et à gauche, la bille n° 2 un peu à gauche, le coup joué avec demi-force.

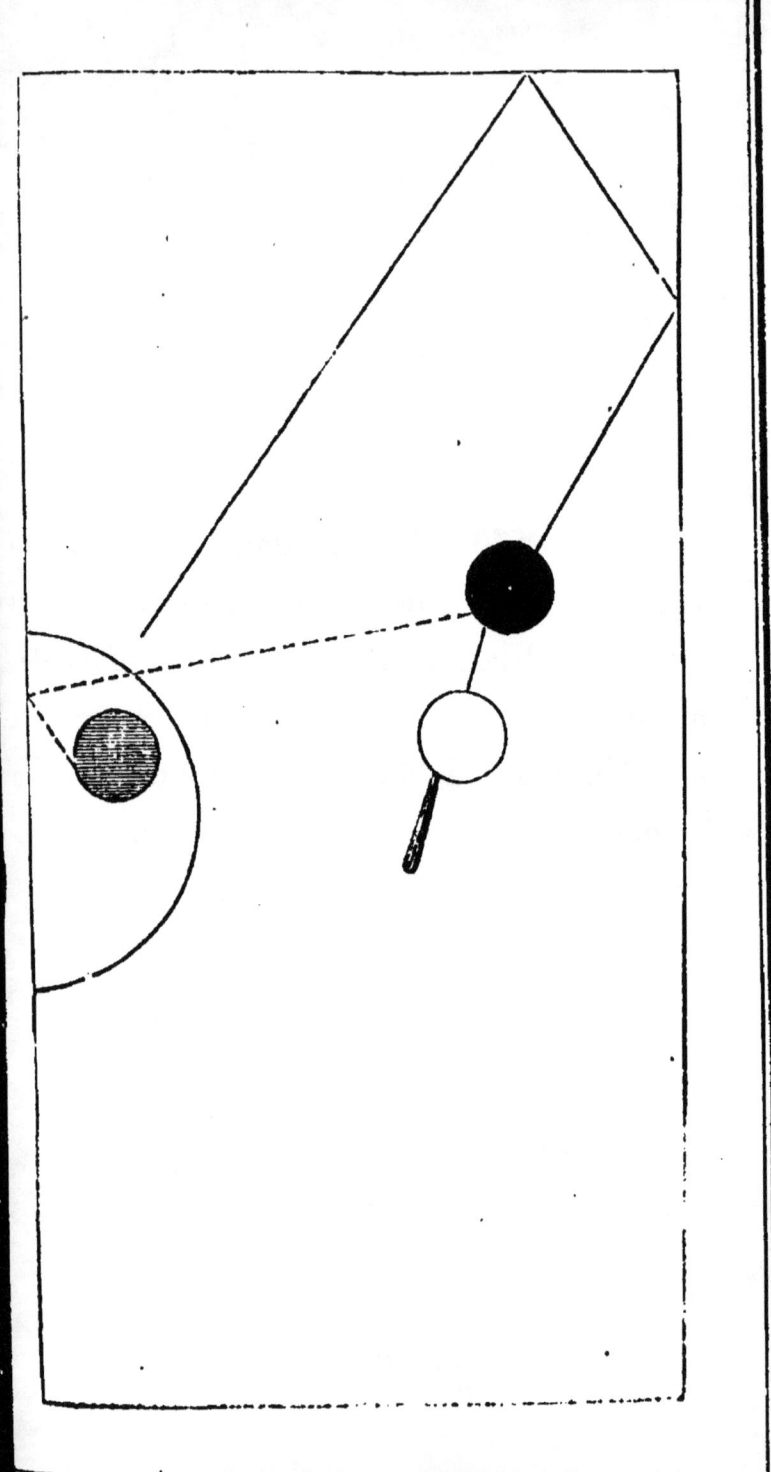

Fig. 70.

Fig. 71.

Dans le cas présent, votre bille doit être prise en dessous et à gauche, afin de caramboler par la bande, si le coup avait été manqué directement; la bille n° 2 devra être touchée au tiers à gauche, le coup joué avec moins de force que d'élan, sinon la bille n° 2 ne resterait pas dans le demi-cercle.

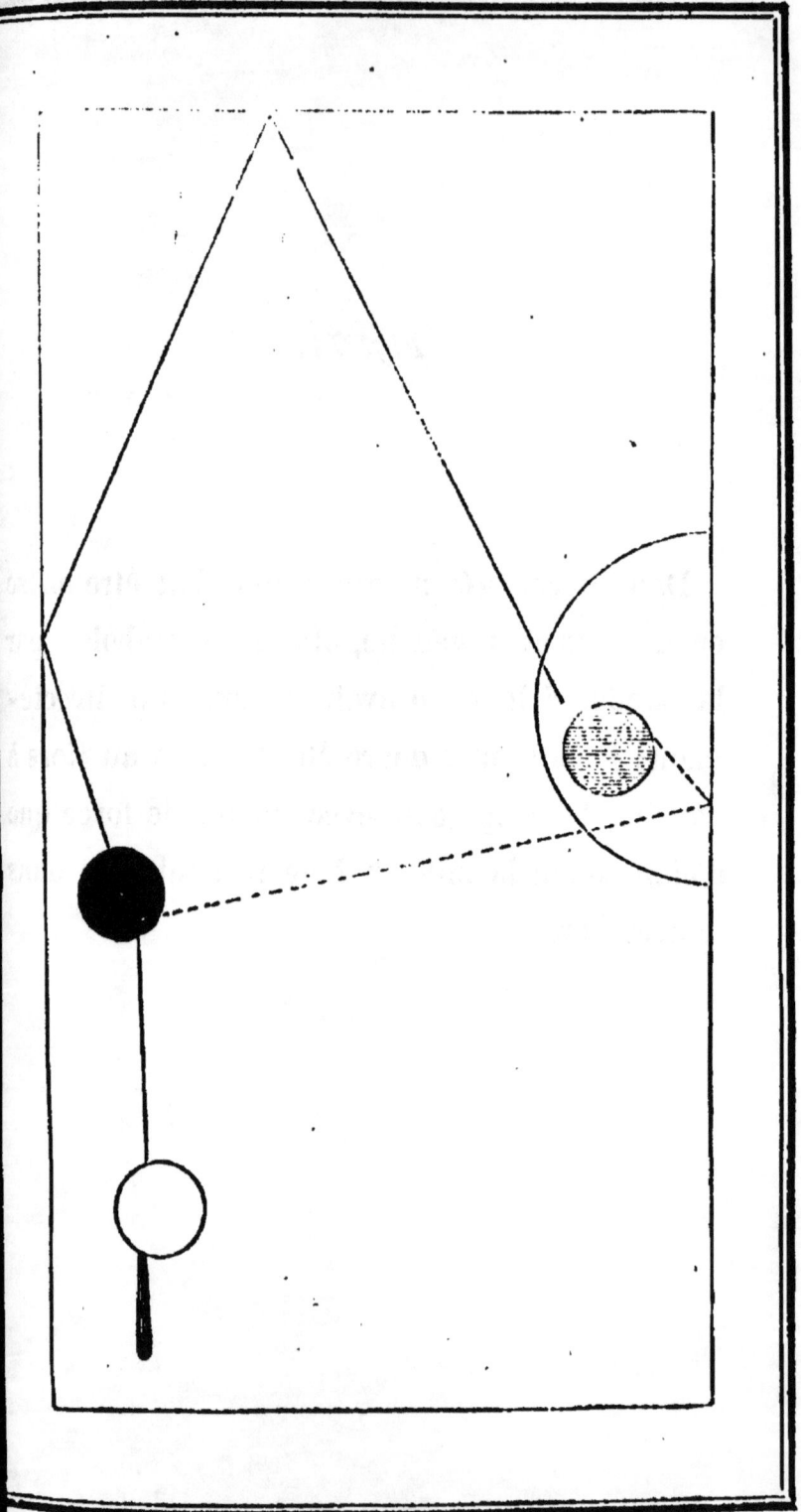

Fig. 71.

Fig. 72.

L'élève jouant ce coup de bille à bille ne le réussirait pas. En effet, les billes ne peuvent être rassemblées qu'en frappant la bille n° 2 très-peu à gauche, ce qui fait prendre à votre bille la direction de la grande bande; mais, comme l'effet de côté à gauche fait partir la bille du joueur à droite, il est clair que vous irez caramboler. La bille n° 2, par suite de l'effet à gauche fait sur la bille n° 1, ira davantage à droite, c'est-à-dire dans le coin, l'effet qu'on fait sur sa propre bille se produisant en sens contraire sur la bille n° 2, ce que nous avons déjà eu l'occasion d'expliquer.

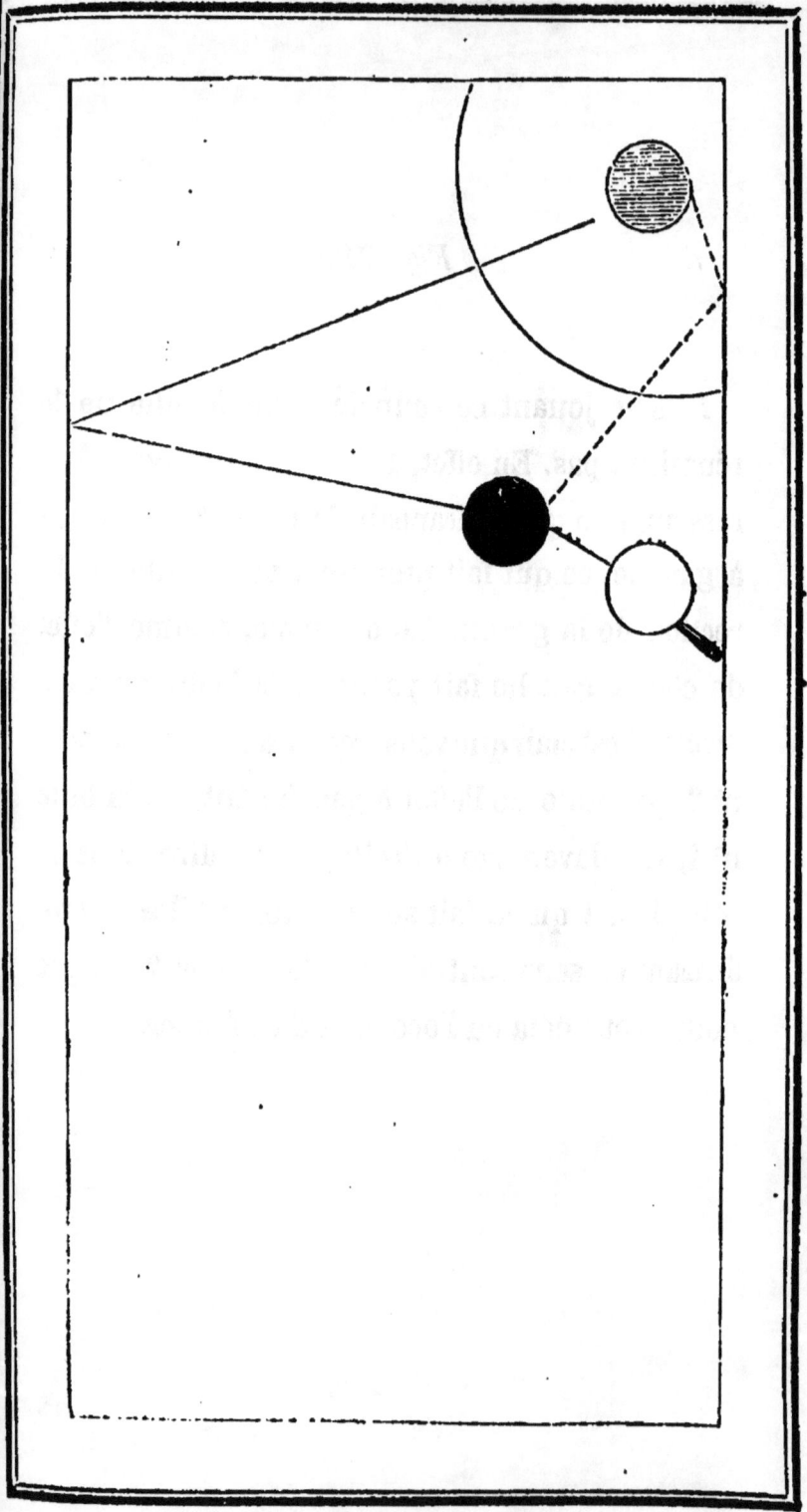

Fig. 72.

Fig. 73.

Si l'on essayait le quatre-bandes, le joueur aurait souvent un contre ; aussi suis-je d'avis de le faire jouer par effet rétrograde. Prenez votre bille en dessous et un peu à gauche, afin de grossir la bille n° 3 ; quant à la bille n° 2, elle devra être attaquée très-peu à droite. Il est fort difficile, pour ne pas dire impossible, de jouer assez doucement pour que la bille n° 2 ne sorte pas du cercle ; aussi conseillons-nous de chercher à avoir un contre qui fera rester la bille dans ledit cercle.

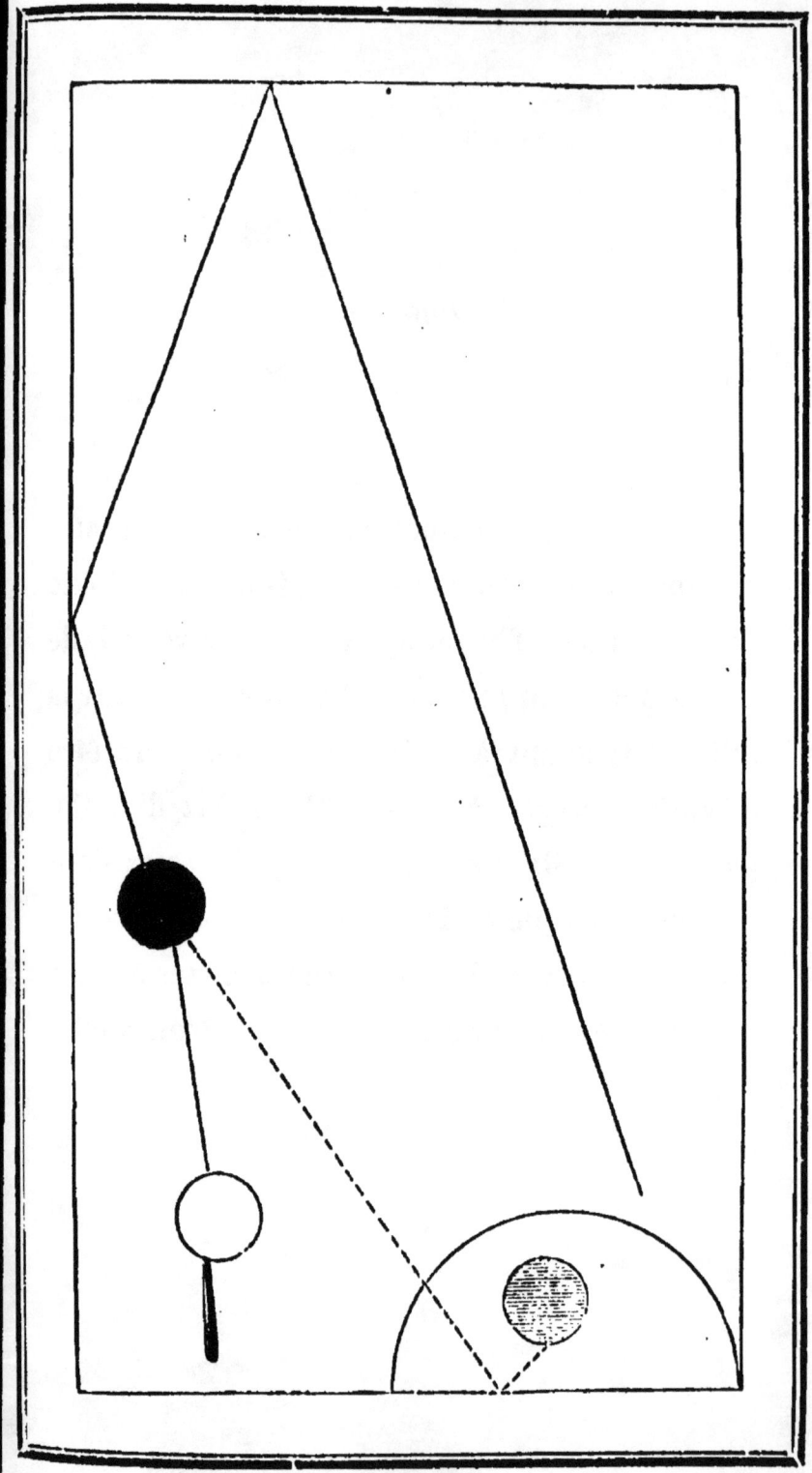

Fig. 73.

Fig. 74.

Comme ce carambolage semble à peu près sûr, beaucoup de joueurs ne font pas d'effet de précaution, ce qui est un tort. Si certain que soit un coup, l'élève ne doit rien négliger de ce qui peut le faire réussir. L'effet à droite augmente la grosseur de la bille n° 3, et nous ne saurions trop engager l'amateur à s'entourer de toutes les précautions désirables.

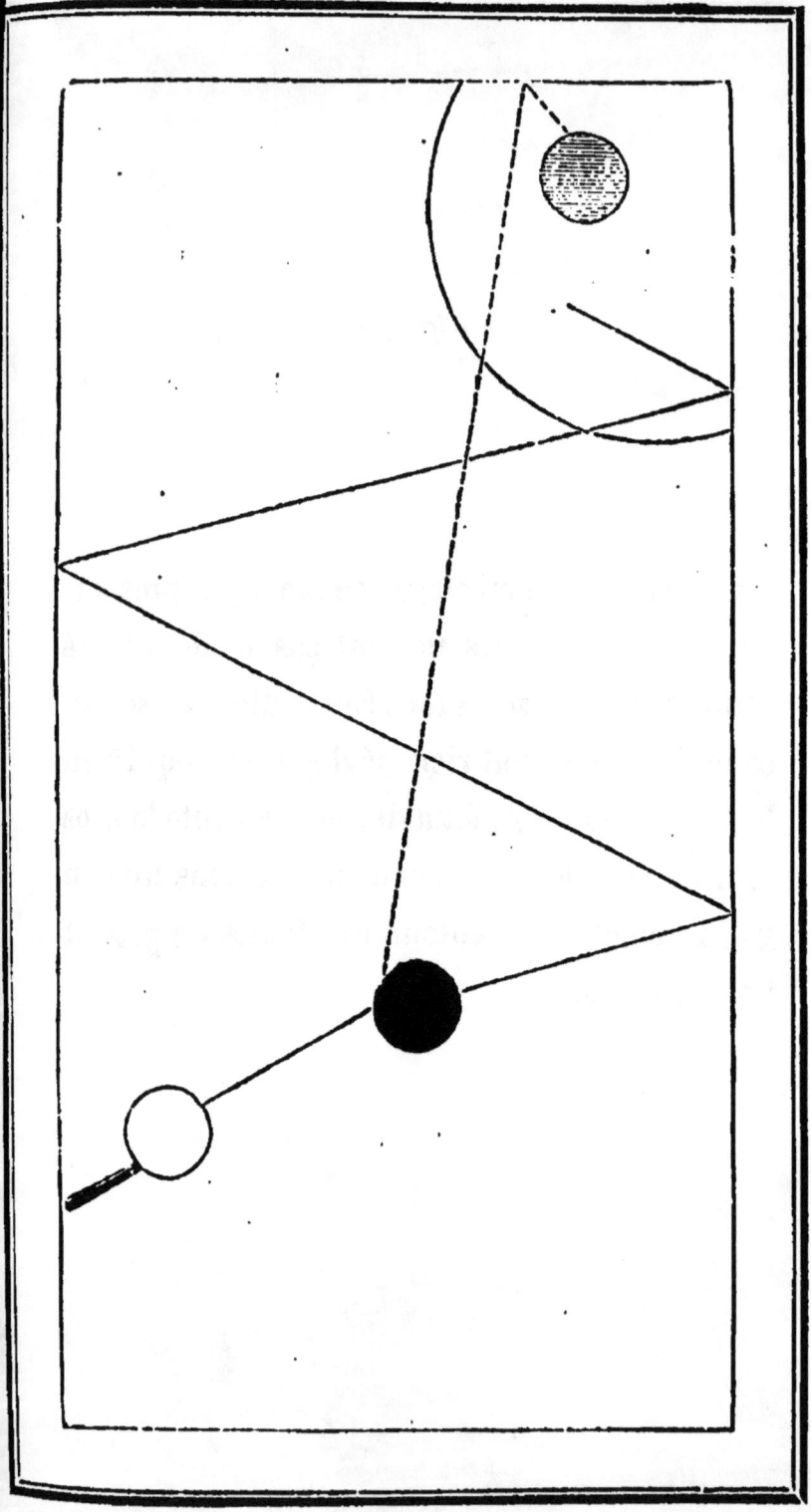

Fig. 74.

Fig. 75.

Même coup que le précédent. L'effet à gauche bien fait sur la bille du joueur le fera caramboler dans le cas où il serait passé à 10 et même 15 centimètres devant la bille n° 3. Aussi faut-il chercher à passer plutôt devant que derrière cette bille. Ce coup donne rarement la série, mais il y a des carambolages d'une exécution difficile et pour lesquels on ne doit se préoccuper que du coup isolé et non de la suite. Ce que je viens de dire trouverait son application dans bien des circonstances, car le lecteur doit se convaincre de ceci : il y a des coups ingrats qui sont assez difficiles pour qu'on n'ait pas à s'occuper de ce qui peut arriver ultérieurement.

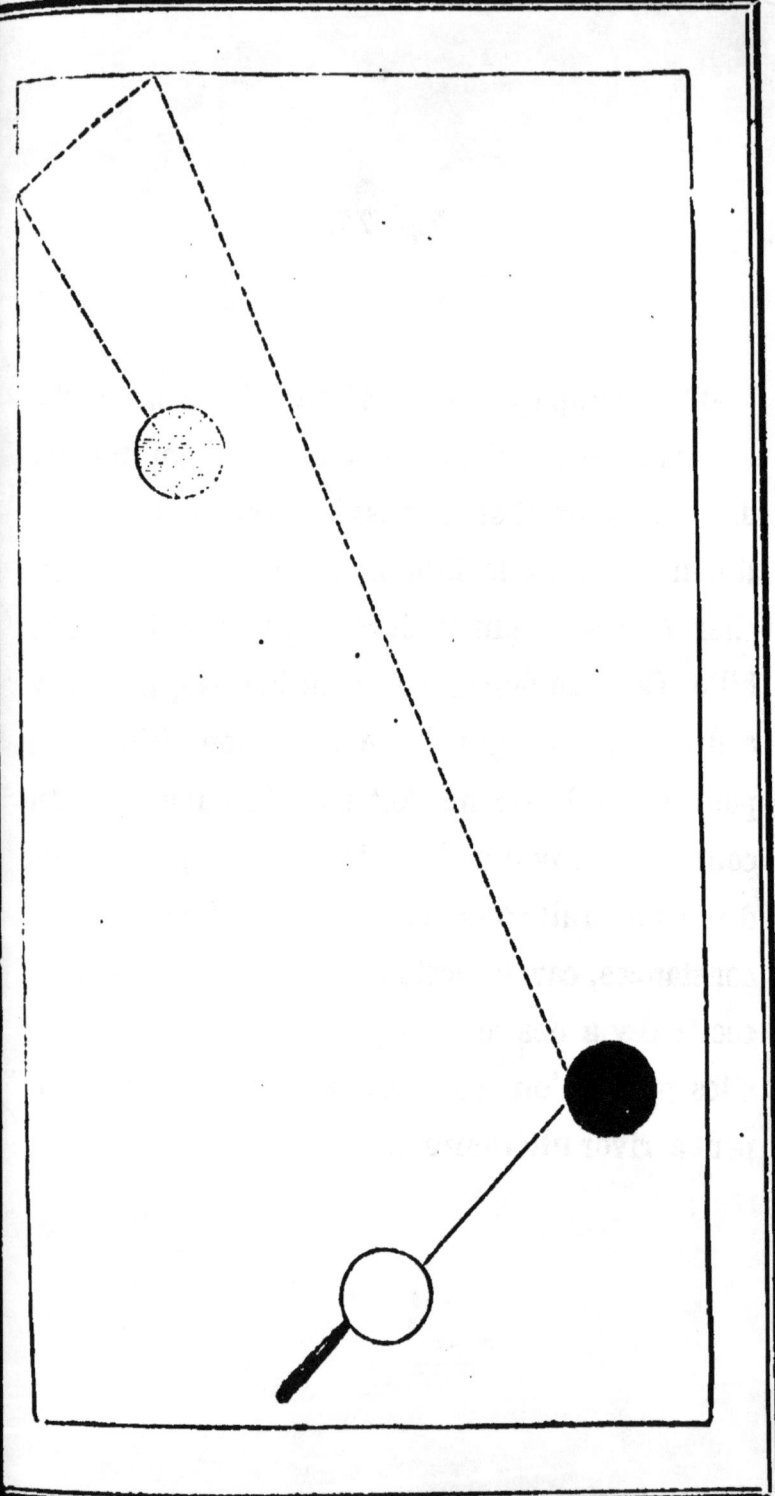

Fig. 75.

Fig. 76.

La bille n° 2 doit être prise un peu à gauche, celle du joueur également en dessous et à gauche. Peut-être la bille n° 2, grâce à notre effet de côté, ne rentrera-t-elle pas bien dans le cercle de la série; mais il ne faut pas être trop exigeant au billard : il vaut mieux s'assurer d'un coup que de manquer le premier point d'une série.

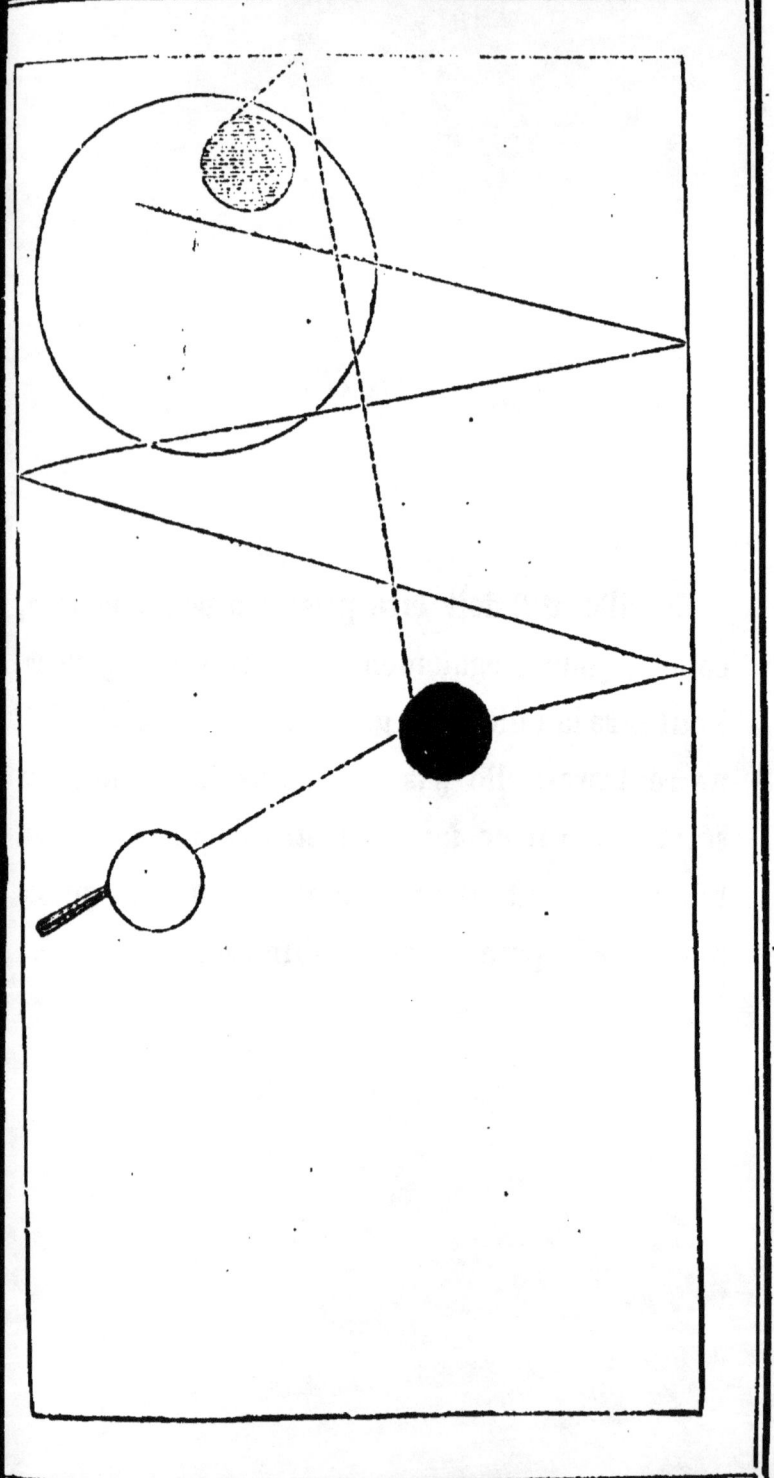

Fig. 76.

Fig. 77.

Combien y a-t-il d'amateurs qui jouent ce coup avec effet contraire? Très-peu. Cependant, c'est un moyen infaillible de ne pas passer derrière la bille à caramboler. Effectivement, l'effet à droite, fait d'une façon non exagérée, double la grosseur de la bille n° 3, ce qui n'est certes pas à dédaigner. Dans ce cas, la série n'existera qu'à la condition que le coup aura été joué avec une certaine douceur.

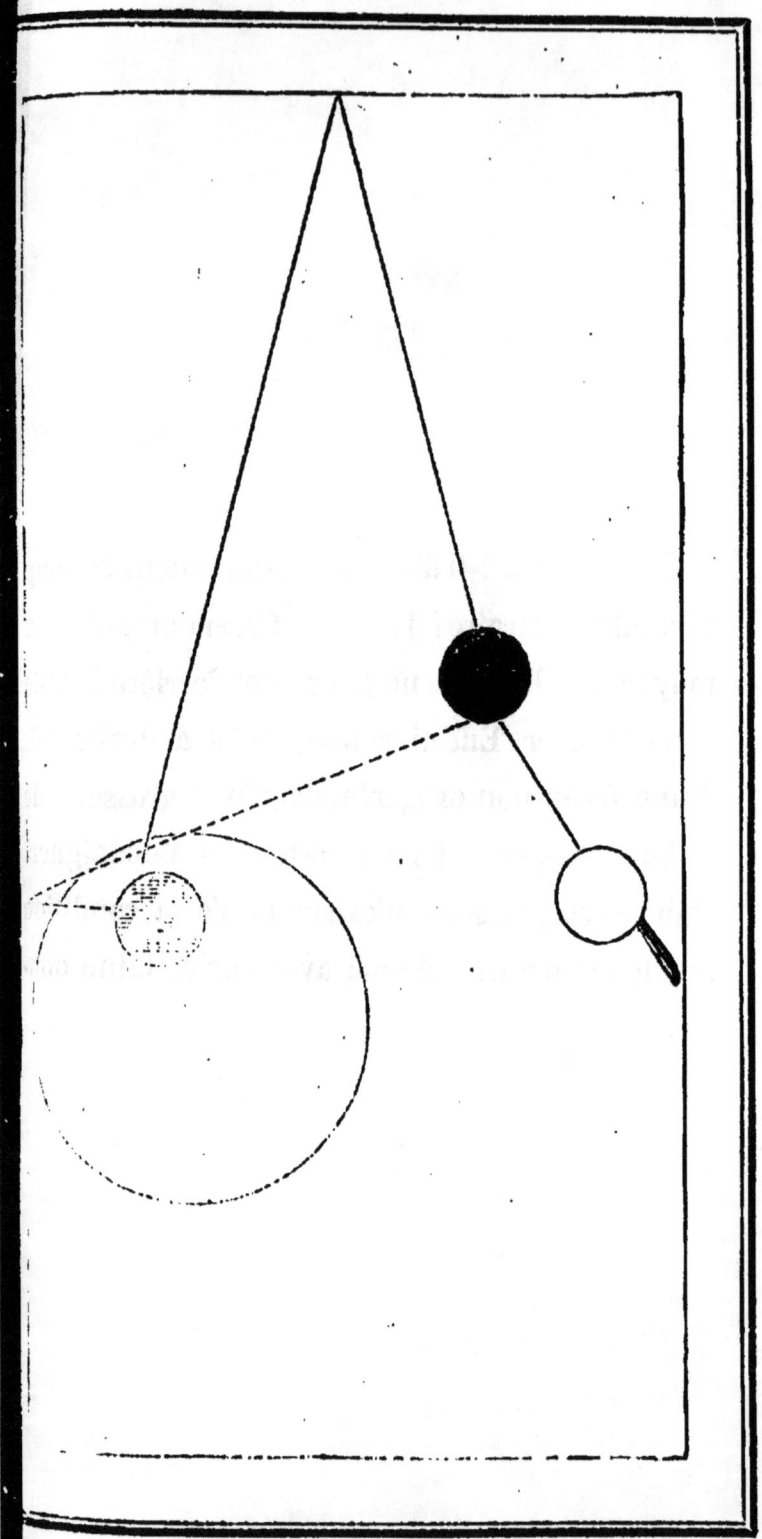

Fig. 77.

Fig. 78.

Coup offrant beaucoup d'analogie avec celui que nous venons d'expliquer. L'effet à gauche ou de précaution empêchera la bille du joueur de passer derrière la bille n° 3, qui sera grossie de tout l'espace compris entre elle et la ligne suivie par la bille du joueur. Je conseille donc aux amateurs de travailler fort sérieusement les coups avec effet de précaution ; l'avenir leur apprendra vite le parti qu'ils en peuvent tirer.

DU JEU DE BILLARD 183

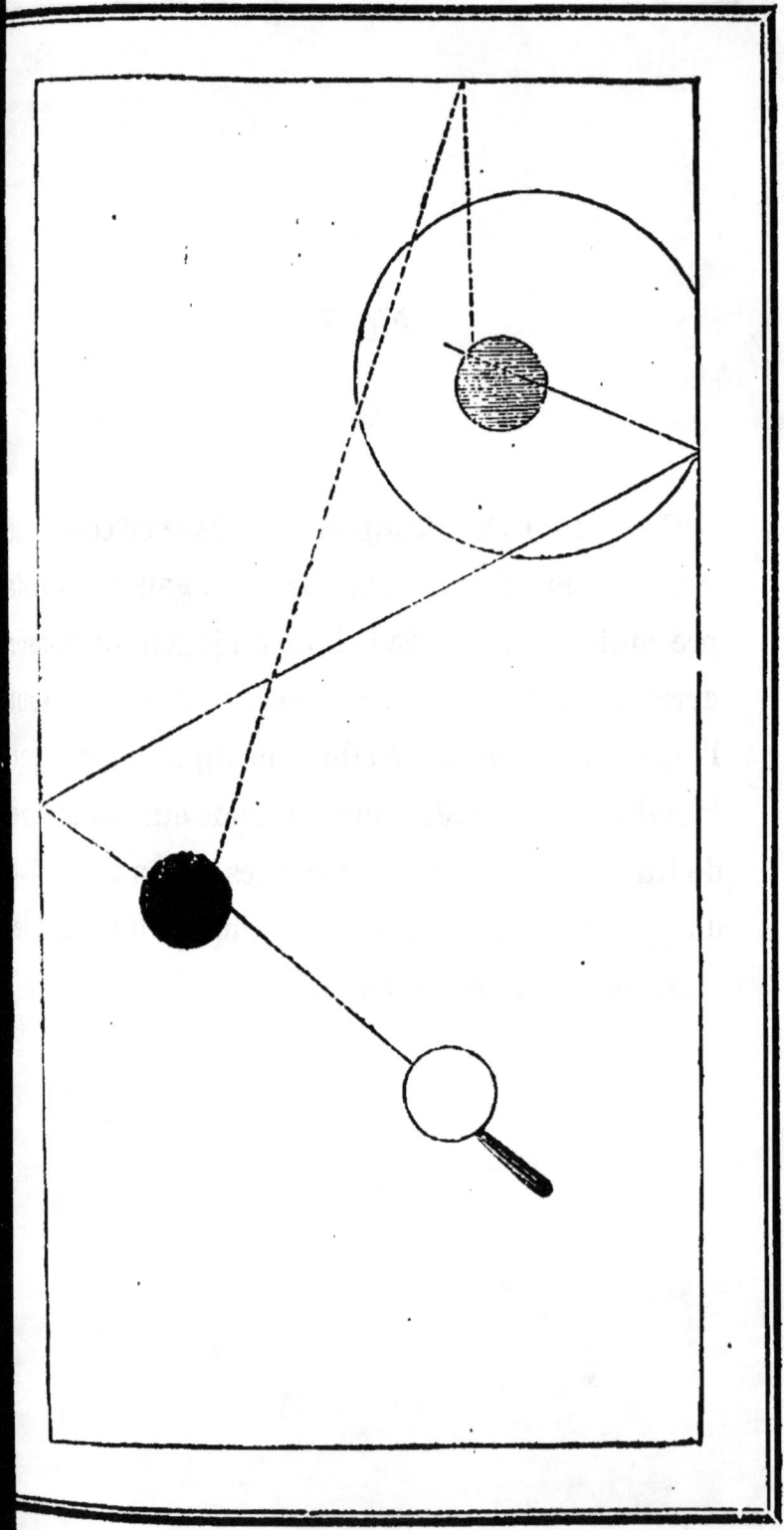

Fig. 78.

Fig. 79.

La bille sur laquelle nous avons à caramboler étant près de la bande, nous cherchons littéralement à passer derrière cette bille, ce qui nous fait quelquefois dire que le coup a été mieux joué que s'il était fait : au billard, il faut jouer la probabilité. Nous faisons un peu d'effet à droite, ce qui augmente la grosseur de la bille n° 3. Avons-nous besoin de faire comprendre au lecteur qu'il n'exécutera bien ce coup qu'après des essais souvent réitérés.

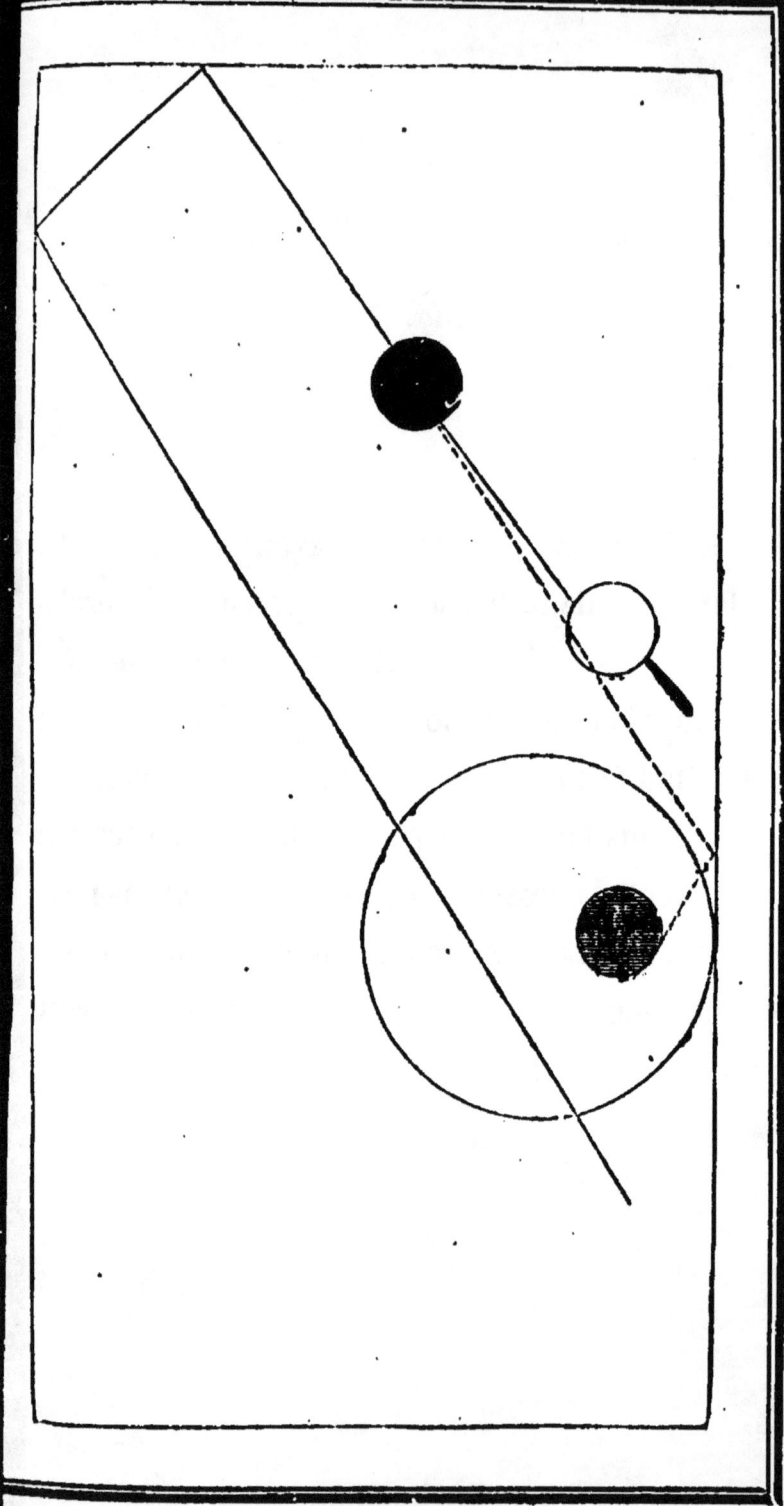

Fig. 79.

Fig. 80.

Le joueur doit prendre sa bille au centre et légèrement à gauche; la bille n° 2 doit être attaquée un peu à droite. En jouant doucement, la bille n° 2 sera entraînée dans le demi-cercle. Le coup de queue doit être allongé, venir bien de l'arrière, afin d'éviter les déviations.

Si la bille n° 2 était à 10 ou 15 centimètres plus éloignée ou plus à droite, l'élève devrait jouer un peu plus fort et prendre sa bille un peu au-dessous du centre.

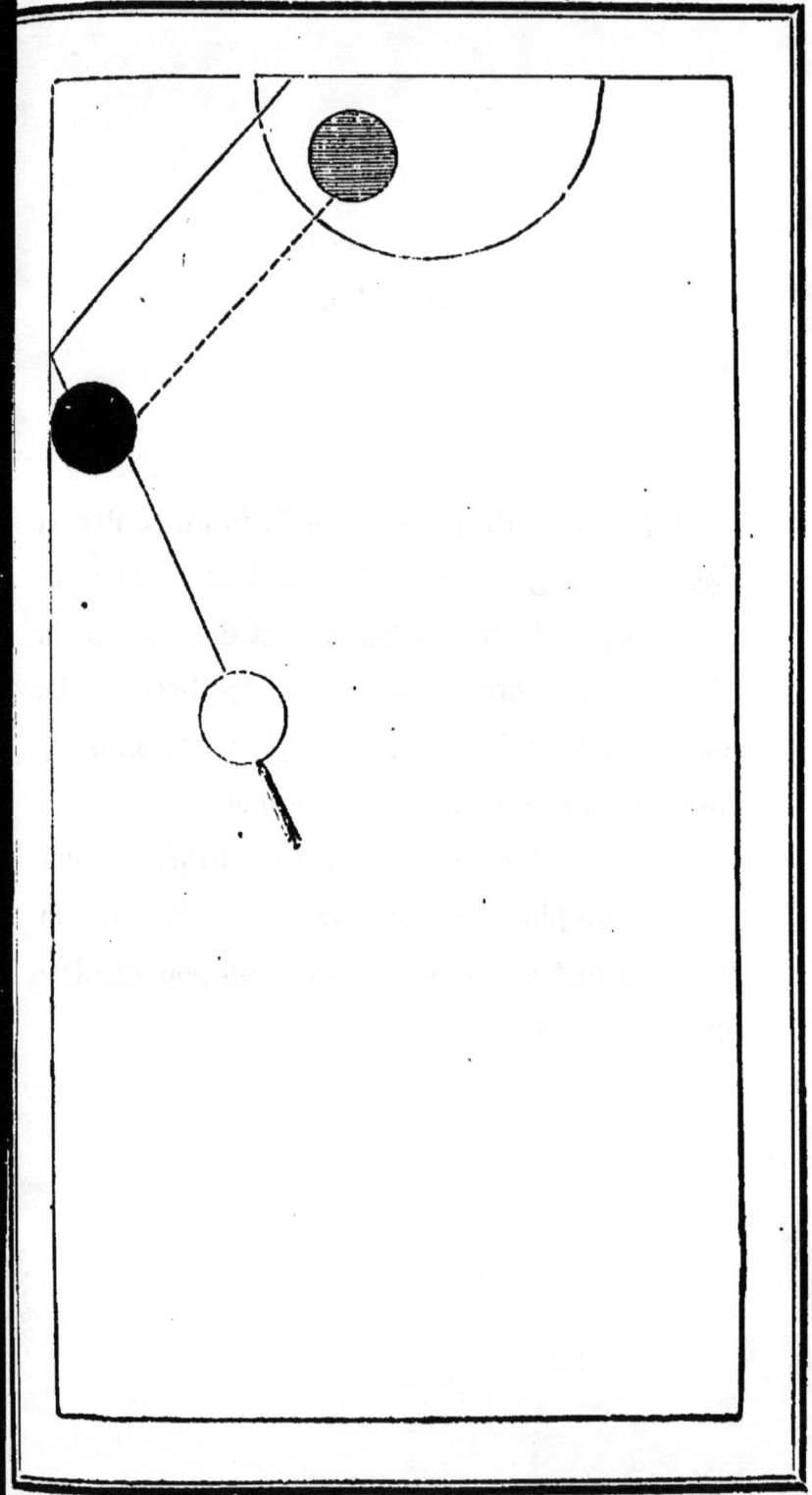

Fig. 80.

Fig. 81.

Ce coup, qui, à première vue, paraît fort difficile, est tellement simple qu'on peut parier de le faire 99 fois sur 100. Ce qui précède prouve que, dans certains cas, avec l'étude, on arrive à vaincre bien des difficultés. Nous avons placé le coup dans de telles conditions qu'on ne peut le faire ni par le fin, ni par *bricole*. Touchez votre bille en tête et légèrement à gauche, la bille n° 2 un peu à droite, et vous irez presque au coin, où la bille n° 3 viendra vous faire caramboler. — Va-et-vient et douceur.

Fig. 81.

Fig. 82.

Attaquez votre bille au-dessous du centre et sans effet de côté, la bille n° 2 en plein ; jouez le coup assez fort, afin de ramener, autant que faire se peut, la bille n° 3 vers la bille n° 2. L'élève verra souvent la reproduction de coups semblables : ne pouvant ramener la bille n° 2 avec les autres billes, on doit chercher à envoyer la bille n° 3 au point que ne peut quitter la bille n° 2. L'élève fera bien de placer la bille n° 3 à 60 ou 80 centimètres de la bille n° 2, collée à la grande bande droite, formant ainsi un angle droit. Alors, au lieu de prendre sa bille au-dessous du centre, il la prendra en tête, la bille n° 2 au tiers à droite, le coup joué sans force, mais avec va-et-vient, et la bille du joueur carambolera directement après avoir décrit une légère courbe.

Fig. 82.

Fig. 83.

Les amateurs, qui ne réfléchissent pas et qui étudient encore moins, sont fort embarrassés en pareille circonstance. S'ils se rendaient un compte plus exact de la position, ils reconnaîtraient vite que le coup proposé par notre tableau 83 est très-facile. Il suffit de prendre sa bille en tête et au centre ; la bille n° 2, prise très-peu à droite, ira à gauche et s'échappera de la bande, ce qui laissera le passage libre à la bille n° 1, qui carambolera sur la bille placée près de la bande.

DU JEU DE BILLARD

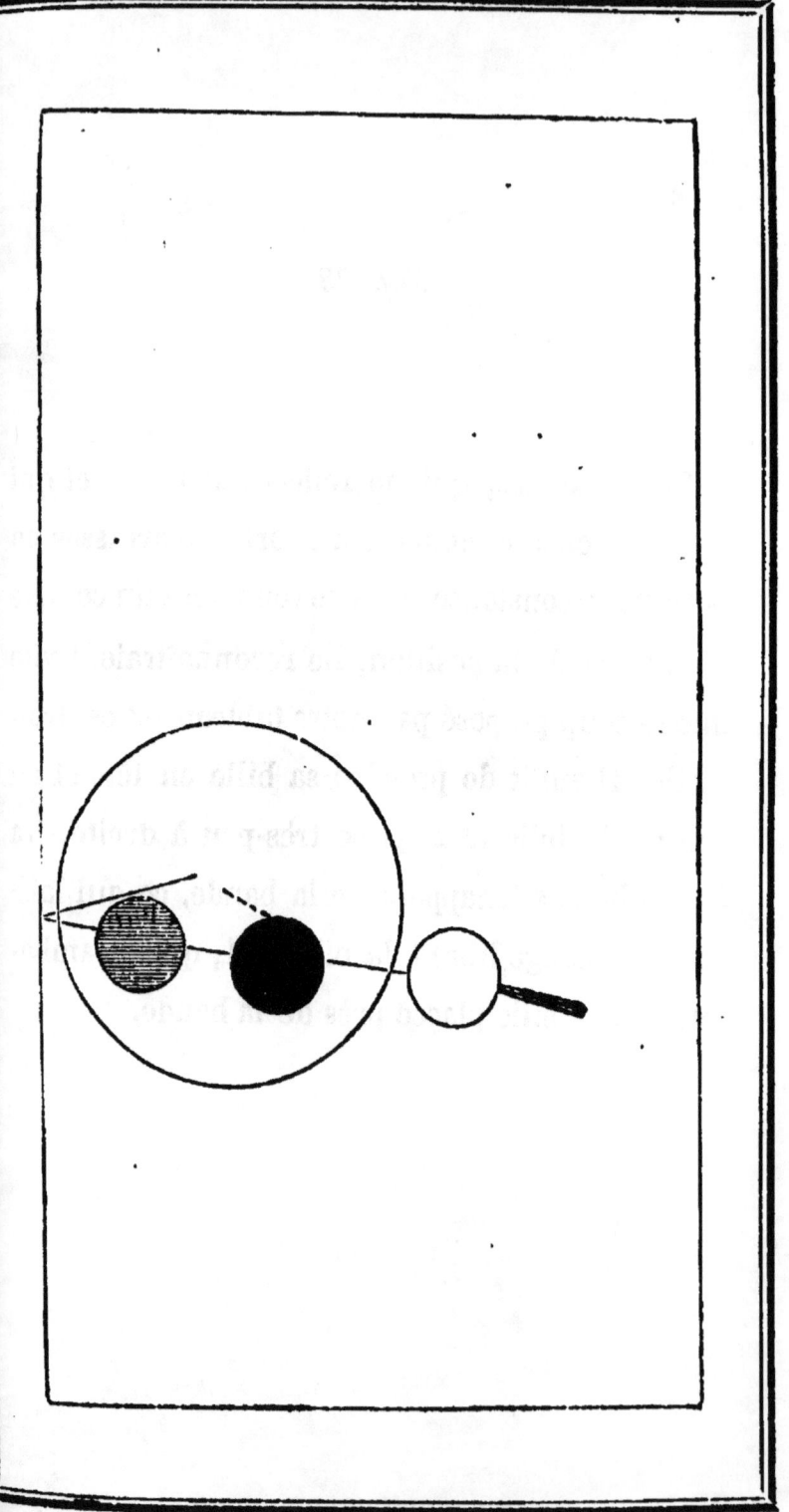

Fig. 83.

Fig. 84.

Ce coup est plus difficile que le précédent; mais, bien étudié, et les billes placées exactement, il est presque certain. L'élève doit prendre sa bille en tête avec un peu d'effet à gauche; la bille n° 2, prise dans son axe, quittera la bande, et la bille du joueur, n'étant plus gênée dans sa marche, ira rencontrer à peu près dans l'angle la bille n° 3.

Fig. 84.

Fig. 85.

L'Élève a besoin dans ce cas de beaucoup de délicatesse et d'une grande sûreté de main. Le billard doit être parfait; tapis fin, presque neuf, et billes très-rondes, ce qui est rare. Le joueur, remarquez-le, se masque constamment. Pourquoi ? Parce qu'il a pris la bille n° 2 trop plein, ce qui la fait aller derrière la bille n° 3. Nous prenons notre bille en plein, la bille n° 2 très-fin et doucement, de manière qu'elle ne dépasse pas le trait indiqué. Inutile de dire qu'il faut essayer bien des fois ce coup avant de le jouer parfaitement.

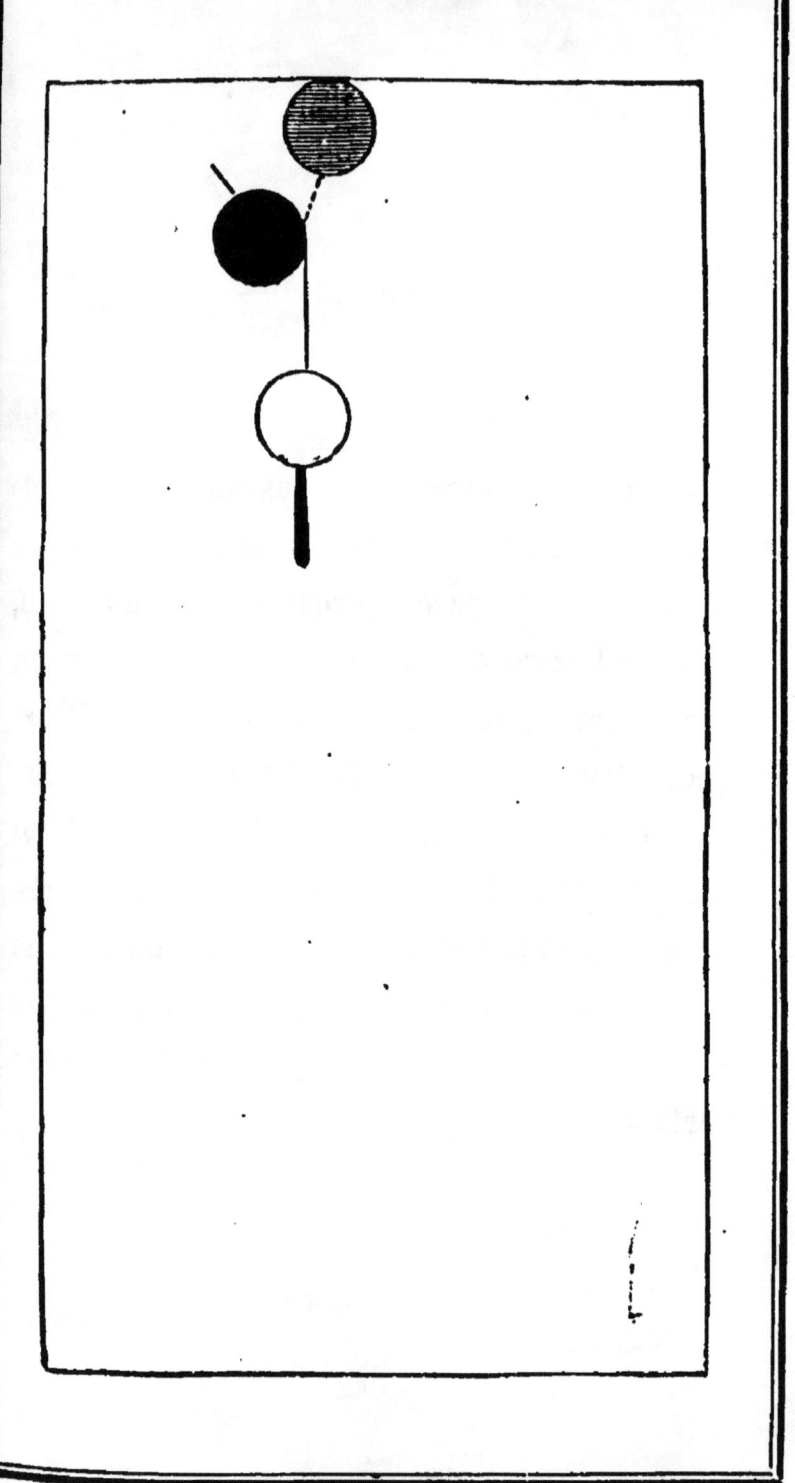

Fig. 85.

Fig. 86.

Combien d'amateurs qui, par ignorance, cherchent à passer à droite de la bille n° 3, se masquent ou éloignent les billes ! Le jeu, ici, est de se placer simplement au milieu des trois billes et de faire un petit piqué ou rétrograde sur celle des billes n°ˢ 2 et 3 qui revient le mieux. Voyez le coup suivant. Il en sera de même chaque fois que le joueur aura à caramboler sur deux billes assez rapprochées : il devra tâcher de se préparer un petit rétrograde ou piqué, et ce, en se plaçant en face de celle des deux billes qui reviendra le mieux avec les deux autres.

Fig. 86.

Fig. 87.

Nous jouons les piqués comme les rétrogrades directs. Par conséquent, nous prenons notre bille sans effet de côté, pas trop bas, afin d'éviter la fausse queue, et nous donnons à notre queue une inclinaison de 50 à 60 degrés. Plus la bille n° 2 est rapprochée de la bille n° 1, plus nous tenons notre queue perpendiculaire; au contraire, nous l'inclinons davantage quand les billes 1 et 2 sont plus éloignées. Ici le coup doit être joué assez fort pour ramener la bille n° 2 dans l'angle où la série pourra être continuée. L'élève ne doit s'appuyer au billard que quand sa bille est éloignée de la bande, sinon son attitude serait guindée, ses mouvements moins libres; la queue doit être tenue à peu près au milieu, maintenue, mais non serrée, par le pouce et l'index, et levée parallèlement à la bande.

Fig. 87.

Fig. 88.

L'exemple suivant fera comprendre à l'élève l'immense parti qu'il peut tirer des piqués, qui ont sur les rétrogrades l'avantage de faire parcourir à la bille n° 2 un trajet infiniment restreint, ce qui permet de faire rester cette bille dans le cercle. Ici, tenez votre queue légèrement, avec une inclinaison de 60 à 65 degrés; touchez la rouge un peu à droite, faites bien votre mouvement de va-et-vient 3 ou 4 fois, et, en ne jouant pas trop fort, vous carambolerez et ramènerez la bille n° 2 dans le cercle.

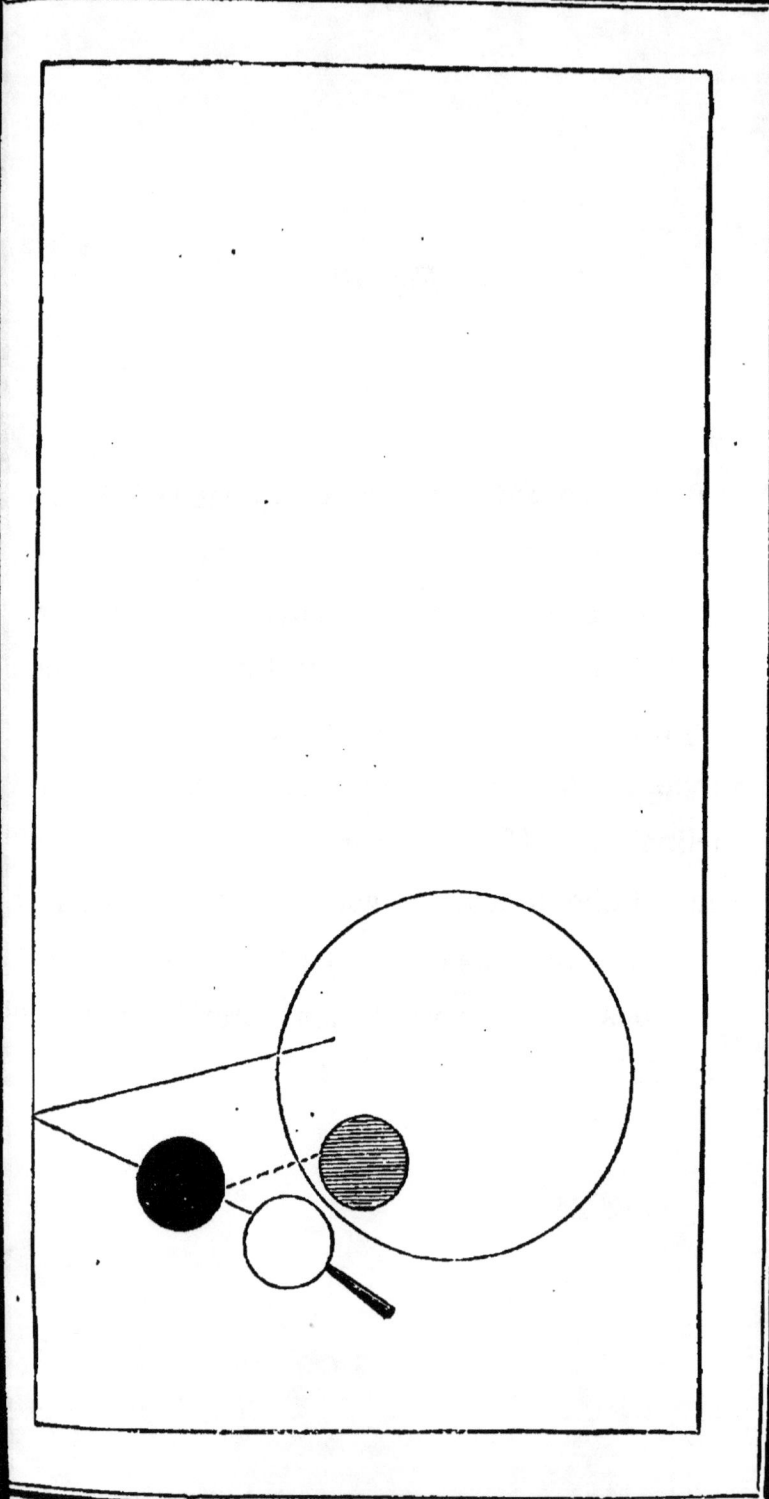

Fig. 88.

Fig. 89.

Chaque fois que nous avons à faire un massé convergent, nous nous plaçons d'abord comme si nous voulions jouer le coup par le fin. Il importe beaucoup de toucher très-peu la bille n° 2, ce qui détruit ou tout au moins gêne la rotation de la bille n° 1, et l'empêche de décrire sa courbe. Quand nous sommes ainsi placé, nous tenons la queue légèrement avec le pouce et l'index, avec une inclinaison de 60 degrés environ. Le coup doit être joué demi-fort, après avoir bien fait marcher l'avant-bras, et la bille n° 1 prise bien à gauche et au milieu. La main posée sur le tapis doit être retournée de façon à bien découvrir la bille; les doigts doivent ici tous concourir à la solidité de la main.

DU JEU DE BILLARD 205

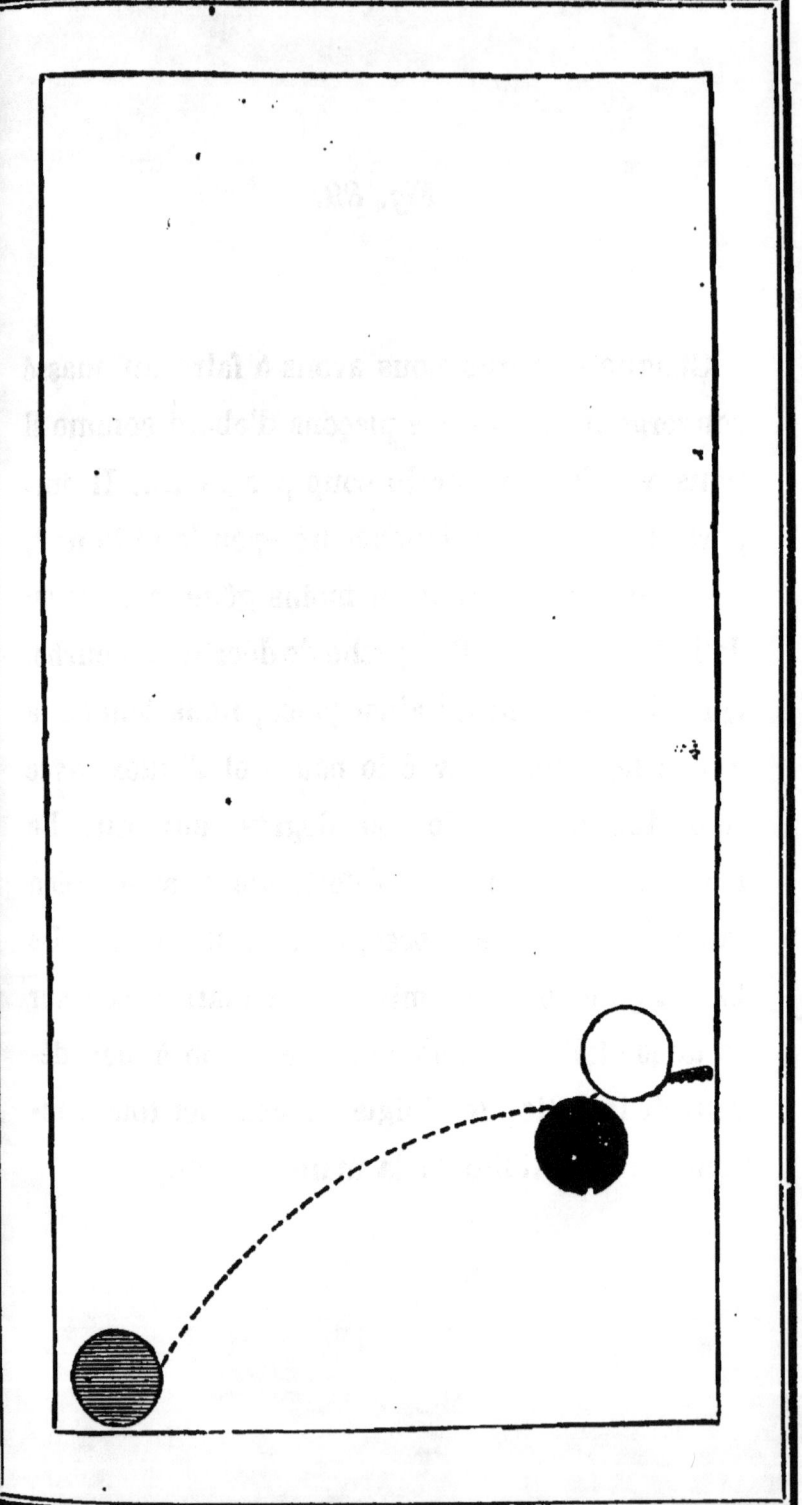

Fig. 89.

Fig. 90.

Massé comme le précédent ; mais, comme le joueur peut caramboler par la petite bande, ce qui atténue la difficulté, il inclinera la queue davantage (50 degrés environ) et produira une courbe moins prononcée. Le joueur devra prendre sa bille très à droite et un peu plus en avant que dans le coup précédent. Par cet exemple, l'élève doit s'apercevoir de ceci : toutes les fois que la courbe que doit faire sa bille a besoin d'être moins prononcée, sa queue doit être plus inclinée.

DU JEU DE BILLARD 207

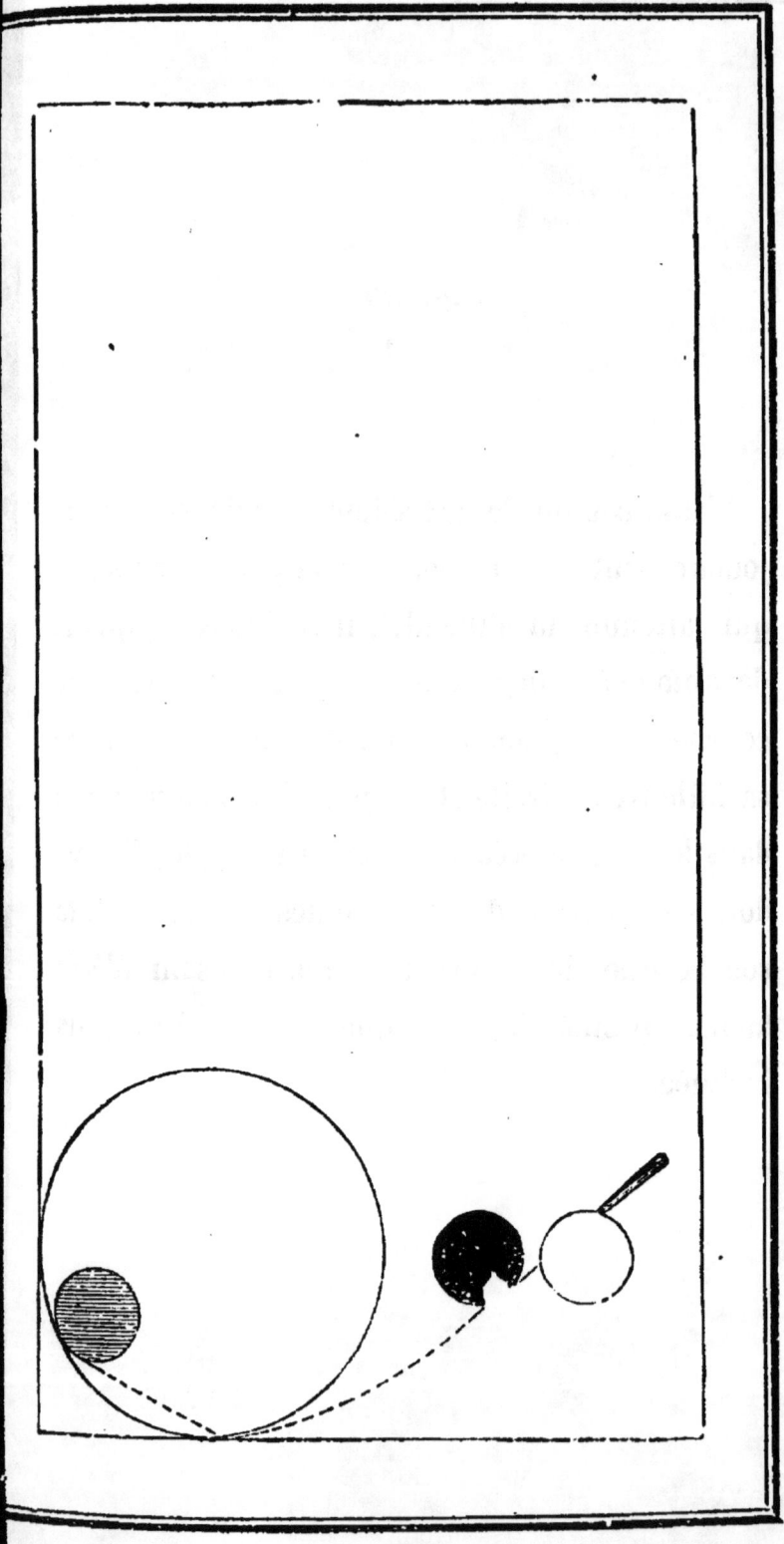

Fig. 90.

Fig. 91.

Un des coups que l'élève a le plus besoin d'étudier.

La bille du joueur devant tourner plus vite, il tiendra sa queue presque perpendiculaire (de 75 à 80 degrés), jouera moins fort, et laissera tomber la queue jusqu'au tapis.

La main posée sur le tapis doit être retournée et solidement placée; le mouvement de va-et-vient, fait 4, 5 ou 6 fois, devra être exécuté plus vite, de façon que la queue frappe exactement au point visé.

Fig. 91.

Fig. 92.

Les billes, dans ce coup, sont tellement rapprochées, qu'en piquant l'on risquerait de toucher une des billes. Par le fin et la bande, le carambolage étant impossible, il faut donc faire un petit massé à gauche, qui, se produisant avant d'arriver à la bande, vous permettra de revenir sur la bille n° 3. Inclinez la queue de 65 à 70 degrés, et jouez le coup avec douceur.

DU JEU DE BILLARD 211

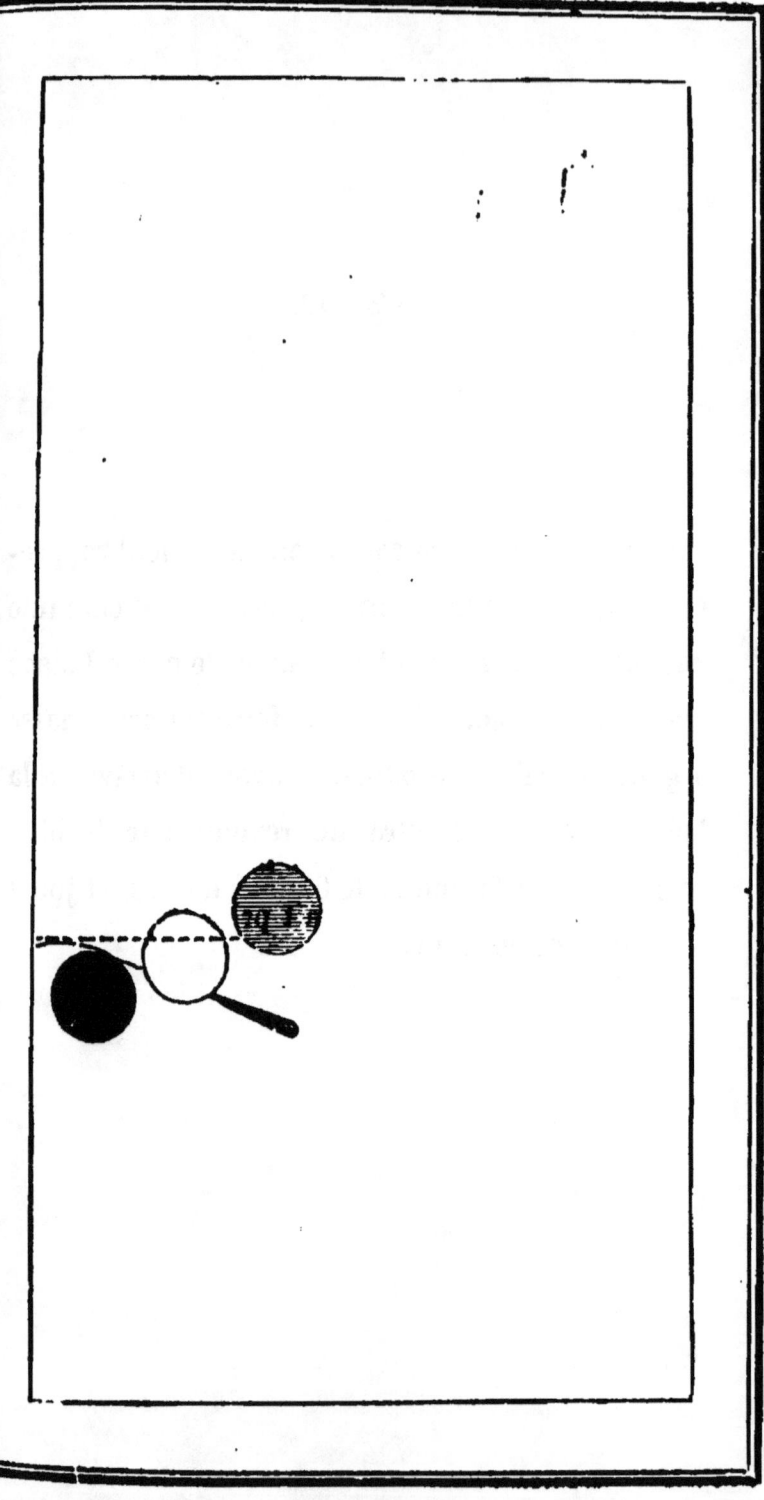

Fig. 92.

Fig. 93.

Position mauvaise et qui se présente rarement. Etant donné ce coup, on ne peut le faire que par un massé, avec effet à gauche et un peu en avant. La bille n° 2, prise au quart, ira dans le coin, mais la bille du joueur doit toujours arriver la première, afin de ne pas avoir un contre presque inévitable, si la bille n° 2 était prise trop plein.

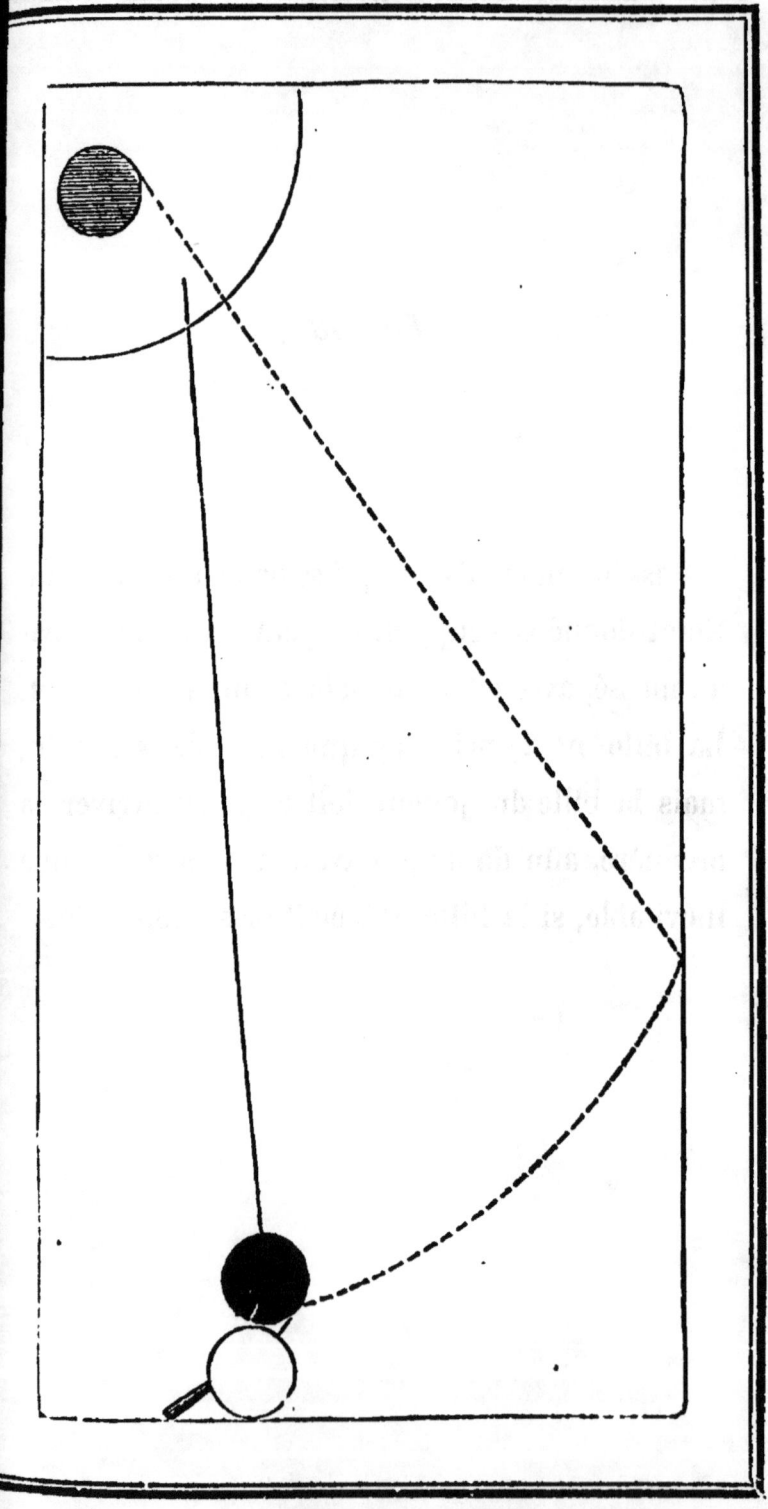

Fig. 93.

Fig. 94.

L'élève, ayant une bille collée, ne peut réussir ce coup qu'en piquant, et, pour ne pas sauter, il doit faire un peu d'effet à gauche. La bille n° 2, comme dans les rétrogrades, doit être prise à l'intersection de l'angle, le coup joué assez énergiquement pour ramener la bille n° 2 dans le coin. Quant à la queue, elle doit avoir une inclinaison de 50 degrés environ.

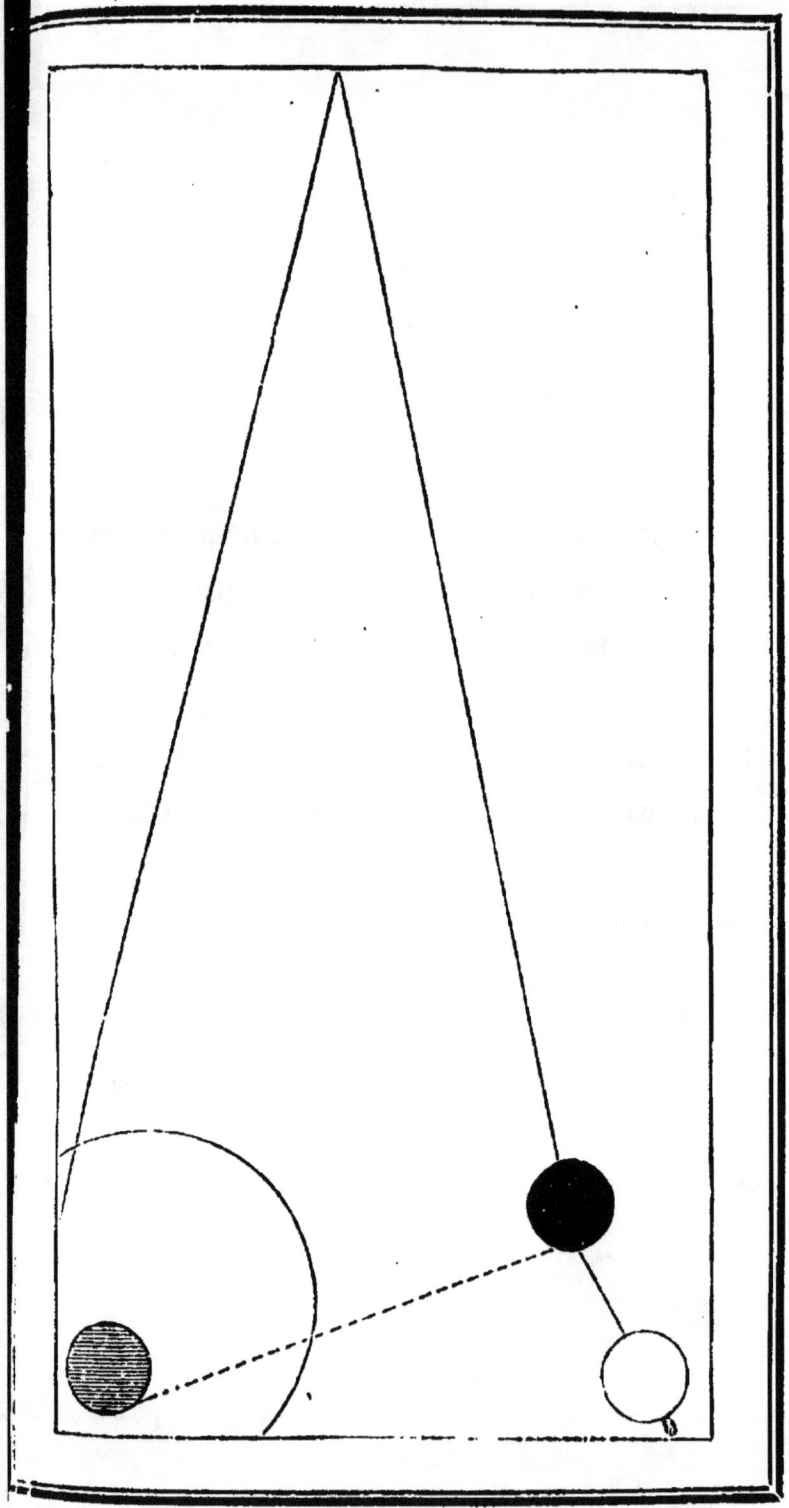

Fig. 94.

Fig. 95.

Coup à peu près semblable au précédent ; mais, comme la bille n° 2 est presque collée, le joueur devra nécessairement tenir sa queue plus verticale, de façon à pouvoir bien prendre sa bille. Quant à la bille n° 2, elle devra être frappée un peu à droite, absolument comme si l'on avait un rétrograde à faire et qu'on ne fût pas gêné par la bande.

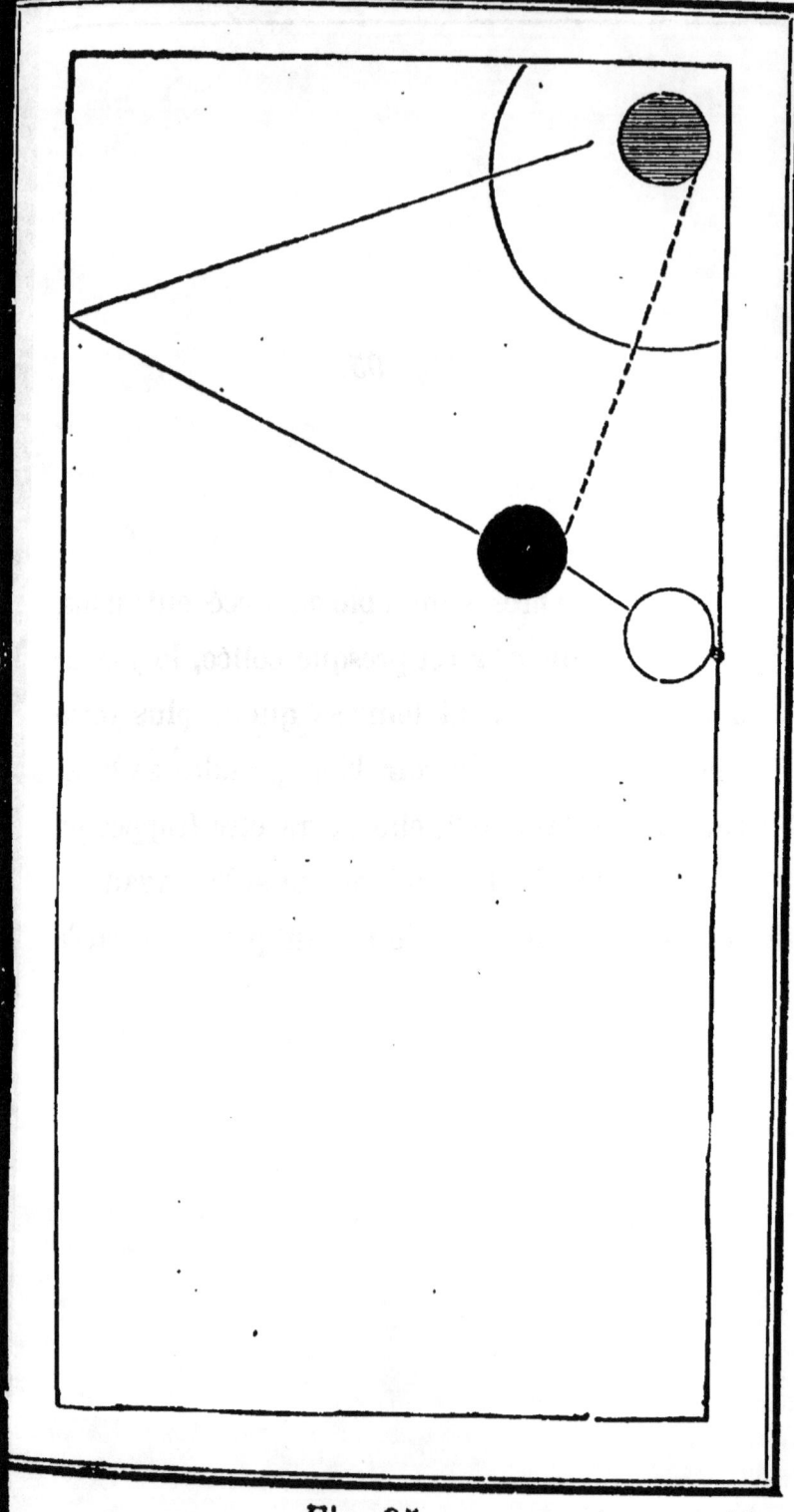

Fig. 95.

Fig. 96.

Il est difficile, je l'ai déjà dit, de toucher la bille n° 2 avec précision quand elle est très-éloignée de la bille du joueur.

Aussi recommanderai-je à l'élève de jouer ce coup par le talon.

La bille n° 1, prise au centre et un peu à droite, ira toucher la petite bande au point indiqué, et si l'élève a joué le coup assez fort, il aura une série; mais ce coup est difficile à réussir.

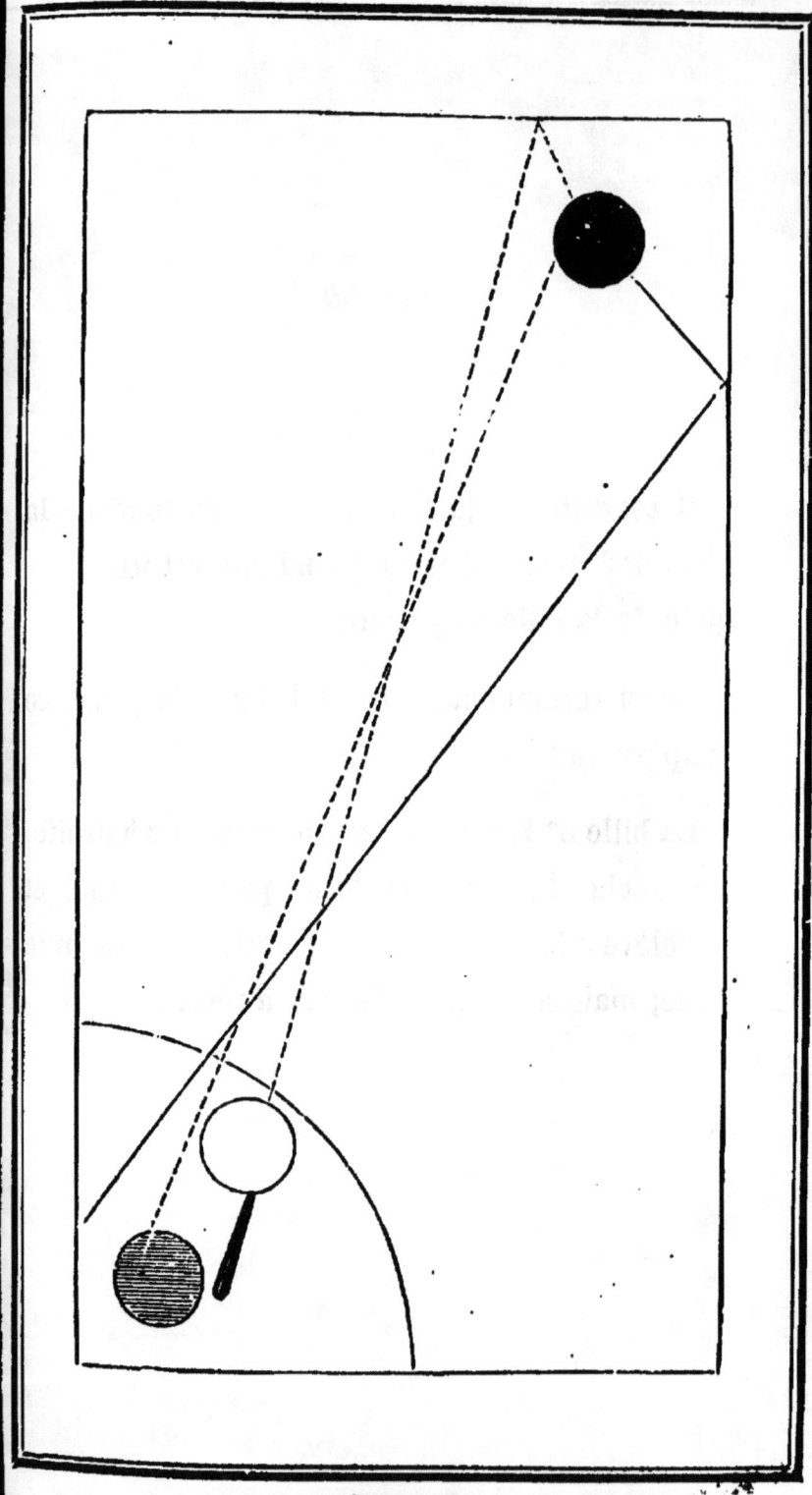

Fig. 96.

Fig. 97.

Le coulé étant impossible, il faut jouer ce coup bande première.

L'élève prendra sa bille au centre et à droite, frappera la bande comme l'indique le dessin, et, s'il donne la force nécessaire, il aura beaucoup de chance d'avoir une série.

Ce coup, même après un certain nombre d'essais, n'est jamais parfaitement sûr.

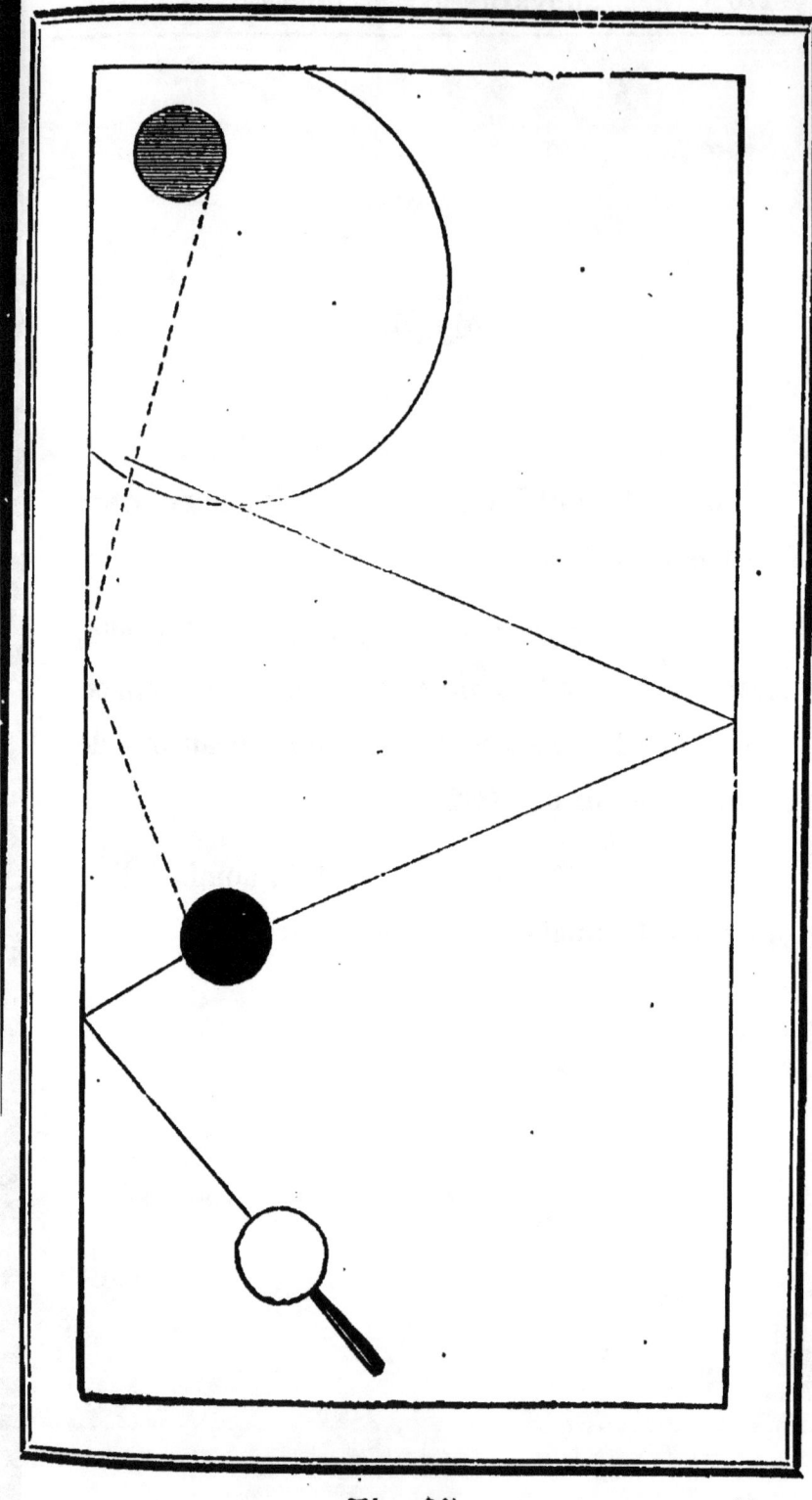

Fig. 97.

Fig. 98.

Voici un coup qui est placé de telle sorte que le rétrograde et le coup par le fin sont également mauvais à jouer. Nous conseillons donc de toucher les deux bandes d'abord, ce qui facilite le coup et offre la chance de pouvoir ramener la bille n° 2 dans l'angle du billard. Le lecteur doit comprendre que, même après avoir étudié souvent ce coup, il est quelque peu fantaisiste et par conséquent aléatoire.

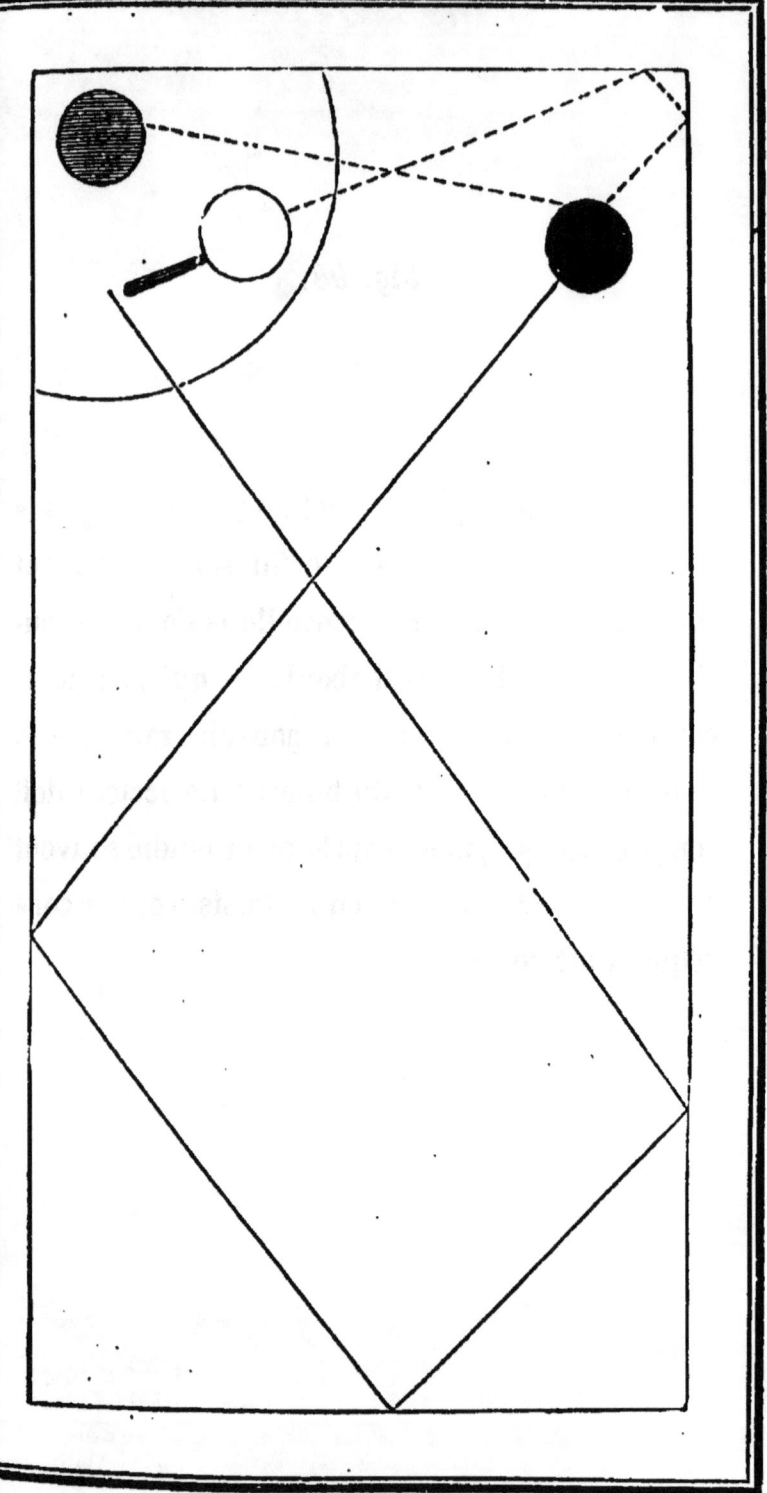

Fig. 98.

Fig. 99.

L'angle d'incidence, avons-nous dit, est égal à l'angle de réflexion, quand on prend sa bille au centre. Ici, c'est une exception, car, en prenant la bille n° 1 bas et au centre, elle décrit une légère courbe, surtout quand le coup a été joué vigoureusement.

L'élève fera bien de placer les billes dans des positions à peu près pareilles, et d'étudier ce coup jusqu'à ce qu'il l'exécute parfaitement.

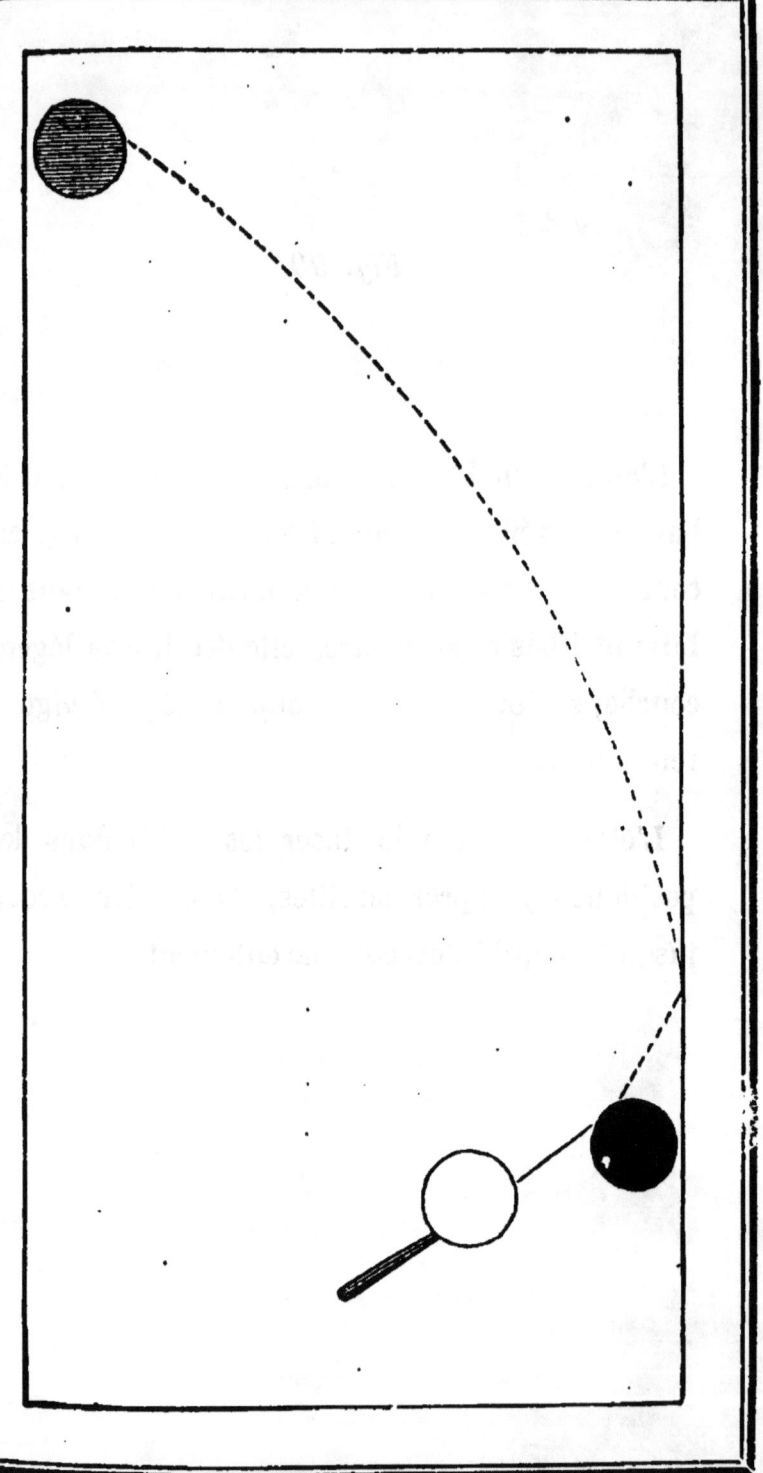

Fig. 99.

Fig. 100.

Les billes étant en ligne droite, le coulé est impossible; par une bande, il ne serait rien moins que certain. Mais, en jouant comme l'indique le dessin, on évite le contre et le plus souvent une belle série vient récompenser l'élève de son habileté. Le coup doit être joué avec une grande force et la bille du joueur prise au centre et très à droite, la bille n° 2 au quart de sa grosseur. La queue, tenue légèrement, doit être lancée de loin, et la main qui est sur le tapis doit, par conséquent, être à 25 centimètres environ de la bille n° 1.

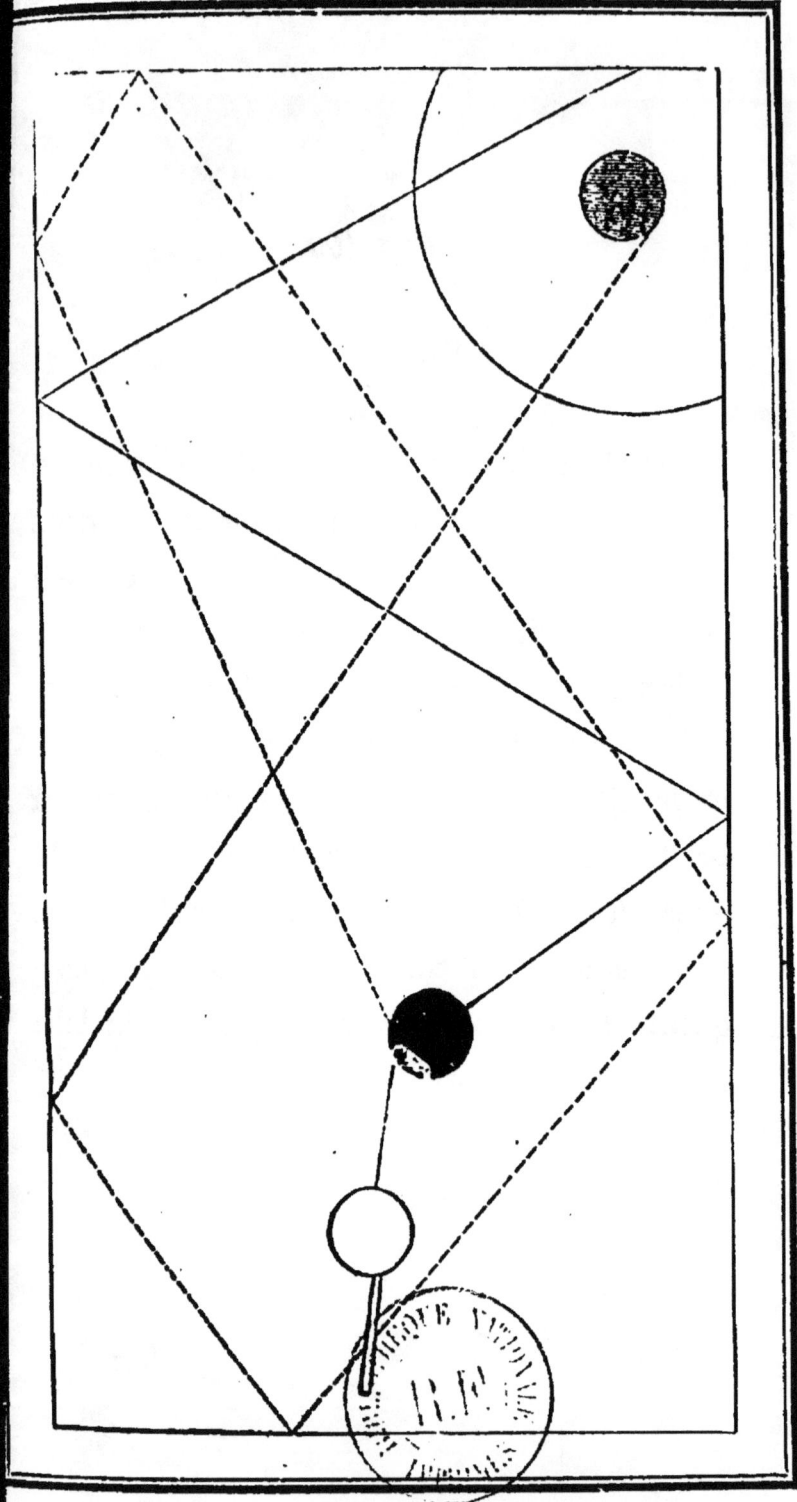

Fig. 100.

2172. Paris. — Imp. Richard-Berthier, 18-19, pass. de l'Opéra.

AVIS AUX AMATEURS DE BILLA...

M. Mangin offre à MM. les Amateurs de leur fournir, sans aucune rémunération, tous les renseignements nécessaires pour l'achat et la vente des Billards, ainsi que pour tous autres articles et accessoires qui en dépendent.

On peut compter sur une réponse immédiate.

www.ingramcontent.com/pod-product-compliance
Lightning Source LLC
Chambersburg PA
CBHW051859160426
43198CB00012B/1664